ANDREW JENNINGS WITH SARAH FARRELL

ARITHMETIC NINJA

FOR AGES 6–7

BLOOMSBURY EDUCATION

LONDON OXFORD NEW YORK NEW DELHI SYDNEY

BLOOMSBURY EDUCATION
Bloomsbury Publishing Plc
50 Bedford Square, London, WC1B 3DP, UK
29 Earlsfort Terrace, Dublin 2, Ireland

BLOOMSBURY, BLOOMSBURY EDUCATION and the Diana logo are trademarks of
Bloomsbury Publishing Plc

First published in Great Britain, 2022
This edition published in Great Britain, 2022

Text copyright © Andrew Jennings, 2022
Ninja illustrations copyright © Andrew Jennings, 2022

Andrew Jennings and Sarah Farrell have asserted their rights under the Copyright, Designs and Patents Act, 1988, to be identified as Authors of this work

Bloomsbury Publishing Plc does not have any control over, or responsibility for, any third-party websites referred to or in this book. All internet addresses given in this book were correct at the time of going to press. The author and publisher regret any inconvenience caused if addresses have changed or sites have ceased to exist, but can accept no responsibility for any such changes

All rights reserved. This book may be photocopied, for use in the educational establishment for which it was purchased, but may not be reproduced in any other form or by any other means – graphic, electronic, or mechanical, including photocopying, recording, taping or information storage or retrieval systems – without prior permission in writing of the publishers

A catalogue record for this book is available from the British Library

ISBN: PB: 978-1-8019-9059-2; ePDF: 978-1-8019-9057-8

2 4 6 8 10 9 7 5 3 1

Text design by Marcus Duck Design

Printed and bound in the UK by Ashford Colour Press

To find out more about our authors and books visit www.bloomsbury.com
and sign up for our newsletters

CONTENTS

INTRODUCTION 5
WEEK 1 7
WEEK 2 10
WEEK 3 13
WEEK 4 16
WEEK 5 19
WEEK 6 22
WEEK 7 25
WEEK 8 28
WEEK 9 31
WEEK 10 34
WEEK 11 37
WEEK 12 40
WEEK 13 43
WEEK 14 46
WEEK 15 49
WEEK 16 52
WEEK 17 55
WEEK 18 58
WEEK 19 61
WEEK 20 64
WEEK 21 67
WEEK 22 70
WEEK 23 73
WEEK 24 76
WEEK 25 79
WEEK 26 82
WEEK 27 85
WEEK 28 88
WEEK 29 91
WEEK 30 94
WEEK 31 97
WEEK 32 100
WEEK 33 103
WEEK 34 106
WEEK 35 109
WEEK 36 112
WEEK 37 115
WEEK 38 118
WEEK 39 121
ANSWERS 124

OTHER NINJA RESOURCES FOR TEACHERS

FOR TEACHERS

TIMES TABLE NINJA
BY SARAH FARRELL AND ANDREW JENNINGS

A treasure trove of photocopiable multiplication worksheets that give Key Stage 2 pupils all the tools they need to gain fluency in multiplication and division up to their 12 times tables. Each chapter begins with exercises for practising rapid recall, followed by visually engaging activities for applying knowledge to other areas of maths including shape, perimeter, scale factors, fractions and more.

COMPREHENSION NINJA FICTION & POETRY

A set of six books for ages 5–11 that provide strategies and carefully curated resources to teach the key comprehension skills of skimming, scanning and retrieving information effectively. Each book curates 24 high-quality fiction or poetry texts by authors such as Roald Dahl, Katherine Rundell and Chitra Soundar, alongside photocopiable activities with strong links to the National Curriculum.

VOCABULARY NINJA

A practical guide featuring strategies and photocopiable activities to help transform pupils into vocabulary ninjas. With easy-to-follow theory and teaching approaches, as well as key curriculum topic vocabulary, etymology and phrases, this book will help bring the primary curriculum to life.

COMPREHENSION NINJA NON-FICTION

A set of six books for ages 5–11 that provide strategies and carefully curated resources to teach the key comprehension skills of skimming, scanning and retrieving information effectively. Each book presents 24 high-quality non-fiction texts and photocopiable activities with strong links to the National Curriculum.

FOR CHILDREN

WRITE LIKE A NINJA

A pocket-sized book packed full of all the grammar, vocabulary and sentence structures that children need in order to improve and develop their writing skills. Fully aligned to the Key Stage 2 National Curriculum, this book is designed to be used independently by pupils both in the classroom and at home.

BE A MATHS NINJA

Be a Maths Ninja is jam-packed with key concepts, mathematical vocabulary and practice advice to support every child's growing independence in maths. It covers all the key areas of the National Curriculum for Key Stage 2 and is perfect for children needing all the important maths facts at their fingertips.

Head to www.vocabularyninja.co.uk and follow @VocabularyNinja on Twitter for more teaching and learning resources to support the teaching of vocabulary, reading, writing and the wider primary curriculum.

INTRODUCTION

Arithmetic is the study of a core part of mathematics that involves the varied properties of numbers and how they can be manipulated using the four operations: addition, subtraction, multiplication and division. A pupil's ability to confidently calculate using the four operations is essential as it underpins their ability to access the reasoning and mastery objectives set out by the primary National Curriculum.

HOW DOES ARITHMETIC NINJA SUPPORT TEACHERS AND SCHOOLS?

Arithmetic Ninja has been created to support the daily planning, preparation, teaching and assessment of arithmetic throughout each year group and across the whole school from Year 1 to Year 6. Each book contains almost 6,000 arithmetic-style questions and word problems that have been tailored to meet the needs of the primary National Curriculum, meaning that high-quality, whole-school arithmetic teaching and learning can be consistently and effectively embedded within each classroom without any of the time-consuming preparation. It's teaching simplified, learning amplified. Arithmetic Ninja is another outstanding whole-school resource that embodies the Vocabulary Ninja principles of simplicity, consistency and marginal gains!

HOW TO USE THIS BOOK

Arithmetic Ninja is much more than just a series of age-related arithmetic questions. Each day provides three differentiated sets of ten questions. Grasshopper, Shinobi and Grand Master each have a specific focus and purpose to support all pupils in the modern primary classroom.

GRASSHOPPER – CATCH-UP AND KEEP UP

Grasshopper questions have been designed to support pupils who are not working at the expected standard of their year group and require daily opportunities for repeated practice within a standard mathematical representation of part + part = whole (10 + 4 = 14). Grasshopper questions provide opportunities to build confidence in content from three half-terms prior to the age-related expectation. So, questions in the Spring 2 term will include content from Autumn 2, Spring 1 and Spring 2, allowing pupils to not only catch-up, but keep up too!

SHINOBI – BUILD LINKS AND MAKE CONNECTIONS

Shinobi questions have been created beyond the standard age-related expectation for arithmetic questions. The focus at the Shinobi level is to provide an age-appropriate arithmetic resource – one that provides regular opportunities for pupils to build links and make connections between related mathematical facts. Within the daily series of ten questions, questions have been carefully crafted to allow pupils to make cognitive links between related facts. For example, $9 \times 8 = 72$ and within the Shinobi series, subsequent questions may focus on 0.8×9, $7.2 \div 9$ or even 0.9×0.8. Where possible, the Shinobi strand provides teachers with the mathematical opportunities to dive deeper into a pupil's understanding with effective questioning to support the link-building process and to make these crucial connections.

GRAND MASTER – VARIED FLUENCY, REPRESENTATION AND MASTERY

Grand Master questions provide pupils with a greater level of challenge, with questions bridging into mathematical content up to three half-terms beyond the age-related expectation. So, questions in the Autumn 2 term could also contain content from Spring 1 and Spring 2. Grand Master questions go even further still by presenting questions with varied representations such as whole = part + part (200 = 160 + 40) or questions with unknown parts (200 = __ + 40). Grand Master questions allow teachers to provide a greater level of challenge for pupils who are ready for it and are designed to provide opportunities for pupils to develop a mastery level of mathematical understanding.

Each Arithmetic Ninja book is an extremely versatile resource for teachers, schools and tutors and could be used to begin daily maths lessons, as part of high-quality intervention, within private tuition or even as part of regular homework provision.

Content map for Arithmetic Ninja

	Autumn term 1: Weeks 1–6	Autumn term 2: Weeks 7–12	Spring term 1: Weeks 13–18	Spring term 2: Weeks 19–25	Summer term 1: Weeks 26–32	Summer term 2: Weeks 33–39
Year 1 (for ages 5–6)	• Number bonds to 10, e.g. 9 + 1 / 1 + 9 • Add one- and two-digit numbers within 20 (13 + 1 / 13 + 2 / 13 + 3) • Include language of 1 more • Double • Count in 2s (lots of)	• Number bonds to 10 (alternate representations, e.g. 10 = ___ + 4) • Subtract one- and two-digit numbers within 20 (15 – 3 / 15 – 4 / 15 – 5) • Include language of 1 less • Double • Count in 2s (lots of)	• Number bonds to 20 (19 + 1 / 1 + 19) • Add and subtract one- and two-digit numbers within 20 (answer box at beginning OR missing number question, e.g. ___ – 7 = 9 OR ___ = 16 – 9) • Count in 5s (lots of) • 1 more to 50 • 5 + 5 • Half	• Number bonds to 20 (alternate representations, e.g. 20 = ___ + 1) • Add and subtract one- and two-digit numbers within 20 (answer box at beginning OR missing number question, e.g. ___ – 7 = 9 OR ___ = 16 – 9) • Count in 5s (lots of) • 1 less to 50 • 5 + 5 • Half	• Add and subtract one- and two-digit numbers within 20 (alternate representations including answer AND missing number, e.g. 7 = ___ – 9) • Count in 10s (lots of) • 10 + 10 • Quarter • 1 more to 100	• Mixed adding and subtracting within 20 (alternate representations) and within 30 • Mixed counting in 2s, 5s and 10s • 1 less to 100 • Quarter • Mixed 1 more and 1 less in different representations
Year 2 (for ages 6–7)	• Number bonds to 10 (alternate representations) • Number bonds to 20 (alternate representations) • Addition and subtraction within 10 • Count in 2s • Double	• Number bonds to 10 (alternate representations) • Partition two-digit numbers in different ways (20 + 3 / 10 + 13) • Addition and subtraction within 20 • Double and half • Quarter	• Add and subtract two-digit and one-digit numbers (34 + 3 / 34 + 6) • Using the inverse (1 + 2 = 3 / 3 – 2 = 1) • 2 times table • Half / two quarters	• Add and subtract two-digit numbers and tens (34 + 10 / 34 + 20 / 34 + 30) • Derive related facts (30 – 40 / 300 + 400 / 50 + 20) • 8 times table • Thirds	• Add and subtract two two-digit numbers (56 – 22 / 56 – 23 / 79 – ___ + 56) • Derive related facts to 1,000 (40 / 10 then 4 / 10) • 5 times table • 5 and 10 times tables	• Add and subtract two two-digit numbers (56 + ___ = 79 / 79 – ___ + 56) • Derive related facts to 10,000 • Divide one-digit numbers by ten • 5 and 10 times tables
Year 3 (for ages 7–8)	• Three-digit numbers add ones (456 + 2 / 3 / + 4) • Partition three-digit numbers in different ways (100 + 40 + 6) • Mixed 2, 5 and 10 times tables (including halves and doubles)	• Three-digit numbers subtract ones (456 – 2 / – 3 / – 4) • Partition three-digit numbers in different ways (80 + 2 / 70 + 12) • 130 + 16 • 3 and 4 times tables (including quarters)	• Three-digit numbers add tens (456 + 20 / + 30 / + 40) • Derive related facts (30 – 40 / 300 + 400 / 50 + 20) • Add and subtract fractions with the same denominator (+)	• Three-digit numbers subtract tens (456 – 20 / – 30 / – 40) • Add and subtract three-digit numbers (246 – 123 / 123 + 246) • Distribute (4 x 12 x 5 / 4 x 5 x 12 / 20 x 12 = 240) • Mixed times tables • Unit fractions of numbers linking to those times tables	• Three-digit numbers add hundreds (456 + 200 / + 300 / + 400) • Add and subtract three-digit numbers (246 – ___ = 132 / 456 = ___ + 321) • Derive related facts to 1,000 • Two-digit times one-digit numbers (45 x 3 / 45 x 4)	• Three-digit numbers subtract hundreds (456 – 200 / – 300 / – 400) • Derive related facts to 1,000 • Divide one-digit numbers by ten • Three-digit times one-digit numbers • Non-unit fraction of number (e.g. relating to times tables)
Year 4 (for ages 8–9)	• 10 / 100 more / less • Mixed times tables (2, 5, 10, 3, 4, 8, including double, half, quarter, etc.) • Multiply three numbers	• 10 / 100 / 1,000 more / less • Partition four-digit numbers in different ways (3,005 + 340 / 3,300 + 45) • Derive related facts to 10,000 (e.g. 600 x 2) • Unit fractions of numbers	• Add and subtract four-digit numbers (4564 + 2323 = ___ / ___ = 4564 + 2323) • Derive related facts to 10,000 (including fractions) • Three-digit times one-digit numbers • Divide a one- or two-digit number by 10 and 100	• Add and subtract four-digit numbers (4564 + 2323 = ___ / ___ – 1234) • Derive related facts to 10,000 (including fractions of numbers) • Non-unit fractions of numbers	• Add and subtract decimals (tenths) • Derive related facts to 10,000 (including fractions of numbers) • Two-digit numbers divided by one-digit numbers • Add and subtract fractions (same denominators; answers bigger than 1)	• Add and subtract decimals (up to hundredths) (hundredths) • Derive related facts to 10,000 • Divide one-digit numbers by ten • Three-digit numbers divided by one-digit numbers
Year 5 (for ages 9–10)	• Powers of 10 more / less • Square / square root • Short multiplication • Derive related facts to 10,000 (complements of 1, e.g. 100 – 76 = ___ / 1 – 0.76 = ___) • All times tables, including deriving related facts	• Partition numbers in different ways • Derive related facts to 10,000 • Multiply and divide by 10, 100 and 1000 • Derive related facts to 100,000 (including fractions) • Add and subtract fractions with the same denominator (answers bigger than 1)	• Add and subtract more than four-digit numbers (84,564 + 12,323 = ___ / ___ = 84,564 + 12,323) • Multiply and divide by 10, 100 and 1000 • Derive related facts to 100,000 (including fractions) • Non-unit fractions of whole numbers • Add and subtract fractions where the denominators are multiples of same number (answers bigger than 1)	• Add and subtract more than four-digit numbers (84,564 + 12,323 = ___ / 45,737 – ___ = 31,234) • Short division (no remainders) • Long multiplication • Non-unit fractions of whole numbers • Add and subtract mixed numbers	• Add and subtract decimals • Short division • Multiply simple fractions by whole numbers	• Short division • Long division • Divide fractions by whole numbers • Mixed fractions and percentages of numbers • Fractions to decimals
Year 6 (for ages 10–11)	• Mixed whole number addition and subtraction • Derive related facts to 100,000 • Multiply and divide by 10, 100 and 1,000 • Add and subtract fractions with denominators that are multiples of the same number	• Mixed decimal addition and subtraction • Derive related facts to 1,000,000 • Add and subtract fractions with different denominators • Fraction of number	• Square and cube numbers • BODMAS • Multiply and divide pairs of fractions • Find whole from fraction • Percentage of number	• Mixed decimal addition and subtraction • Add and subtract fractions with different denominators • Multiply pairs of fractions • Find whole from fraction • Percentage of number	• Square and cube numbers • BODMAS • Long multiplication • Multiply pairs of fractions • Find 50%, 20%, 25% • Cube / cube root • Multiply mixed numbers by whole numbers	• Decimal long multiplication • Multiply mixed pairs of fractions	• Decimal long division • Divide mixed number by whole number

GRASSHOPPER LEVEL

WEEK 1

Monday

1.	1	+	9	=	10
2.	3	+	7	=	10
3.	2	add	8	=	10
4.	4	+	6	equals	10
5.	6	+	4	=	10
6.	5	plus	5	=	10
7.	0	+	10	equals	10
8.	8	+	2	=	10
9.	7	add	3	=	10
10.	9	+	1	=	10

Tuesday

1.	1	+	7	=	8
2.	3	+	6	=	9
3.	2	add	8	=	10
4.	4	+	4	equals	8
5.	6	+	3	=	9
6.	5	plus	4	=	9
7.	0	+	8	equals	8
8.	8	+	1	=	9
9.	7	add	2	=	9
10.	5	+	4	=	9

Wednesday

1.	3	+	7	=	
2.	6	+	3	=	
3.	5	add	3	=	
4.	7	+	3	equals	
5.	9	+	0	=	
6.	0	plus	7	=	
7.	1	+	8	equals	
8.	4	+	5	=	
9.	3	add	5	=	
10.	2	+	7	=	

Thursday

1.	3	+	5	=	
2.	6	+	3	=	
3.	5	add	2	=	
4.	7	+	2	equals	
5.	4	+	6	=	
6.	0	plus	6	=	
7.	1	+	5	equals	
8.	4	+	3	=	
9.	3	add	4	=	
10.	2	+	5	=	

Friday

1.	4	+	4	=	
2.	5	+	4	=	
3.	4	add	3	=	
4.	6	+	3	equals	
5.	5	+	5	=	
6.	3	plus	3	=	
7.	5	+	1	equals	
8.	1	+	6	=	
9.	3	add	4	=	
10.	6	+	1	=	

Ninja challenge

Cho has 4 books and Sam has 4 books. How many books do Cho and Sam have **altogether**?

Arithmetic Ninja 6-7 © Andrew Jennings, 2022

SHINOBI LEVEL
WEEK 1

Monday
1.	☐	+	9	=	10
2.	10	=	1	+	☐
3.	10	=	2	+	☐
4.	8	+	2	=	☐
5.	4 lots of 2 is equal to ☐
6.	double 3 is equal to ☐
7.	6 is equal to ☐ lots of 2
8.	8 is equal to 4 lots of ☐
9.	double ☐ is equal to 8
10.	☐ equal groups of 2 is equal to 6

Tuesday
1.	☐	=	4	+	6
2.	6	+	☐	is equal to	10
3.	7	+	☐	is equal to	10
4.	☐	+	2	=	10
5.	6 lots of 2 is equal to ☐
6.	☐	x	2	=	12
7.	12 is equal to ☐ x 2
8.	14 is equal to ☐ x 2
9.	7 groups of 2 is equal to ☐
10.	double seven is equal to ☐

Wednesday
1.	4	+	6	=	☐
2.	10	+	☐	=	10
3.	10	=	☐	+	1
4.	9	=	8	+	☐
5.	5	+	☐	=	10
6.	two groups of 5 is equal to ☐
7.	10 is equal to double ☐
8.	5	x	2	=	☐
9.	☐	x	2	=	12
10.	☐	=	6	x	2

Thursday
1.	☐	+	3	=	10
2.	3	+	7	is equal to	☐
3.	the sum of ☐ and 3 is 10
4.	10	=	☐	+	4
5.	☐	=	6	+	3
6.	double 8 is equal to ☐
7.	16	=	☐	x	2
8.	☐	=	9	x	2
9.	9 lots of 2 = ☐
10.	double ☐ is equal to 16

Friday
1.	9	+	1	=	☐
2.	☐	+	9	is equal to	10
3.	10 is equal to ☐ add 1
4.	☐ is equal to 9 add 2
5.	2	+	☐	=	11
6.	double 9 is equal to ☐
7.	18 is equal to 2 groups of ☐
8.	☐	x	2	=	18
9.	10	x	2	=	☐
10.	20 is equal to ☐ lots of 2

Ninja challenge
Cho says that **double** 3 is 5. Is Cho correct? Explain why.

GRAND MASTER LEVEL

WEEK 1

Monday

1.	34	+	two	=	
2.	45	add	3	equals	
3.	36	+	10	=	
4.	five	times	2	=	
5.	three	lots of	10	=	
6.	30	+	40	equals	
7.	double 20	+	double 20	=	
8.	37	minus	10	=	
9.	80	–	10	equals	
10.	4	groups of	3	=	

Tuesday

1.	37	+	three	=	
2.	42	add	3	equals	
3.	26	+	10	=	
4.	four	times	2	=	
5.	five	lots of	10	=	
6.	20	+	60	equals	
7.	double 10	+	double 20	=	
8.	46	minus	10	=	
9.	50	–	20	equals	
10.	five	groups of	3	=	

Wednesday

1.	34	+		=	36
2.	45	add		equals	48
3.	36	+		=	46
4.		times	2	=	10
5.		lots of	10	=	30
6.	30	+		equals	70
7.	double 20	+	double 20	=	
8.	37	minus		=	27
9.		–	10	equals	70
10.	4	groups of		=	12

Thursday

1.	37	+		=	40
2.	42	add		equals	45
3.		+	10	=	36
4.	four	times		=	8
5.	five	lots of		=	50
6.		+	60	equals	80
7.	double 10	+	double 20	=	
8.	46	minus		=	36
9.	50	–		equals	30
10.	five	groups of		=	15

Friday

1.	56	+	two	=	
2.	45	add		equals	48
3.		+	10	=	39
4.	eight	times		=	16
5.	nine	lots of	10	=	
6.	30	+		equals	90
7.	double 10	+	double 5	=	
8.		minus	10	=	46
9.		–	30	equals	20
10.	six	groups of		=	18

Ninja challenge

Sam says that **double** 20 **plus double** 20 is **greater than** 60. Is Sam correct? Explain your answer.

GRASSHOPPER LEVEL

WEEK 2

Monday

1.	1	+		=	10
2.	3	+		=	10
3.	2	add		=	10
4.	4	+		equals	10
5.	6	+		=	10
6.	5	plus		=	10
7.	0	+		equals	10
8.	8	+		=	10
9.	7	add		=	10
10.	9	+		=	10

Tuesday

1.	1	+		=	8
2.	3	+		=	9
3.	2	add		=	10
4.	4	+		equals	8
5.	6	+		=	9
6.	5	plus		=	9
7.	0	+		equals	8
8.	8	+		=	9
9.	7	add		=	9
10.	5	+		=	9

Wednesday

1.	3	+		=	10
2.	6	+		=	9
3.	5	add		=	8
4.	7	+		equals	10
5.	9	+		=	9
6.	0	plus		=	7
7.	1	+		equals	9
8.	4	+		=	9
9.	3	add		=	8
10.	2	+		=	9

Thursday

1.	3	+		=	8
2.	6	+		=	9
3.	5	add		=	7
4.	7	+		equals	9
5.	4	+		=	10
6.	0	plus		=	6
7.	1	+		equals	6
8.	4	+		=	7
9.	3	add		=	7
10.	2	+		=	7

Friday

1.	4	+		=	8
2.	5	+		=	9
3.	4	add		=	7
4.	6	+		equals	9
5.	5	+		=	10
6.	3	plus		=	6
7.	5	+		equals	6
8.	1	+		=	7
9.	3	add		=	7
10.	6	+		=	7

Ninja challenge

Iko has 4 cars and Tom has 3 cars. How many cars do Tom and Iko have in **total**?

SHINOBI LEVEL

WEEK 2

Monday

1.		+	9	=	10
2.		+	8	=	10
3.	10	is the sum of	8	and	
4.	20	is the sum of	18	and	
5.	18	+	2	=	
6.	3	lots of	2	=	
7.	6	=		groups of	2
8.	double	3	is equal to		
9.	double		is equal to	8	
10.	4	x	2	=	

Tuesday

1.		+	4	=	10
2.	7	+	3	=	
3.	10	is the sum of	7	and	
4.		is the sum of	17	and	3
5.	20	=	3	+	
6.	3	+	4	=	
7.	3	+		=	8
8.	7	x	2	=	
9.	7	lots of		is equal to	14
10.	8	lots of	2	is equal to	

Wednesday

1.		+	3	=	10
2.	8	+	2	=	
3.		+	1	=	10
4.	19	+	1	=	
5.	20	=	19	+	
6.	20	is the sum of	1	and	
7.	10	groups of		is equal to	20
8.	double	10	is equal to		
9.		x	2	=	20
10.	11	x	2	=	

Thursday

1.		+	7	=	10
2.	4	+	6	=	
3.	10	is the sum of	6	and	
4.	16	add		is equal to	20
5.	20	is equal to	4	+	
6.	20	is equal to	10	equal groups of	
7.	18	is equal to		equal groups of	2
8.	double	9	is equal to		
9.	9	x		=	18
10.	8	x	2	=	

Friday

1.		+	2	=	10
2.	9	+	1	is equal to	
3.	10	is equal to	9	add	
4.	20	=	9	+	
5.	20	is the sum of	11	and	
6.	19	is the sum of		and	9
7.	4	groups of	2	=	
8.	8	is equal to		lots of	2
9.	4	x	2	=	
10.	5	x	2	=	

Ninja challenge

Iko says that the **sum** of 3 and 7 is the same as the **sum** of 4 and 6. Is Iko correct? Explain why.

GRAND MASTER LEVEL

WEEK 2

Monday

1.	64	+	seven	=	
2.	52	add		equals	58
3.		+	10	=	57
4.	nine	times		=	18
5.	eight	lots of	10	=	
6.	50	–		equals	20
7.	double 5	+	double 8	=	
8.		minus	10	=	49
9.		–	20	equals	60
10.	seven	groups of		=	21

Tuesday

1.		+	seven	=	48
2.		add	6	equals	68
3.		+	10	=	77
4.	six	times	2	=	
5.	8	lots of	ten	=	
6.		+	30	equals	100
7.	double 4	+	double 3	=	
8.		minus	10	=	54
9.		–	70	equals	20
10.	nine	groups of	3	=	

Wednesday

1.		+	seven	=	44
2.		add	6	equals	92
3.		+	10	=	84
4.	eleven	times	2	=	
5.	9	lots of	ten	=	
6.	20	+	50	equals	
7.	double 3	+	double 3	=	
8.	74	minus		=	64
9.	80	–		equals	30
10.	four	groups of		=	12

Thursday

1.		+	five	=	61
2.	92	add		equals	96
3.		+	10	=	83
4.		times	2	=	24
5.	8	lots of	ten	=	
6.		+	40	equals	70
7.	double 2	+	double 10	=	
8.	54	minus	10	=	
9.	100	–		equals	60
10.	nine	groups of	3	=	

Friday

1.		+	five	=	51
2.	29	add		equals	33
3.		+	10	=	77
4.		times	2	=	14
5.	five	lots of	ten	=	
6.		–	40	equals	20
7.	double 3	+	double 10	=	
8.	76	minus	10	=	
9.	90	–		equals	20
10.	eleven	groups of	3	=	

Ninja challenge

Tom says that 7 **equal groups** of 10 are **equal** to 40 **plus** 30. Is Tom correct? Explain your answer.

GRASSHOPPER LEVEL

WEEK 3

Monday

1.		+	9	=	10
---		-	--	------	--
2.		+	7	=	10
3.		add	8	=	10
4.		+	6	equals	10
5.		+	4	=	10
6.		plus	5	=	10
7.		+	10	equals	10
8.		+	2	=	10
9.		add	3	=	10
10.		+	1	=	10

Tuesday

1.		+	7	=	8
---		-	-	------	--
2.		+	6	=	9
3.		add	8	=	10
4.		+	4	equals	8
5.		+	3	=	9
6.		plus	4	=	9
7.		+	8	equals	8
8.		+	1	=	9
9.		add	2	=	9
10.		+	4	=	9

Wednesday

1.		+	7	=	10
---		-	-	------	--
2.		+	3	=	9
3.		add	3	=	8
4.		+	3	equals	10
5.		+	0	=	9
6.		plus	7	=	7
7.		+	8	equals	9
8.		+	5	=	9
9.		add	5	=	8
10.		+	7	=	9

Thursday

1.		+	5	=	8
---		-	-	------	--
2.		+	3	=	9
3.		add	2	=	7
4.		+	2	equals	9
5.		+	6	=	10
6.		plus	6	=	6
7.		+	5	equals	6
8.		+	3	=	7
9.		add	4	=	7
10.		+	5	=	7

Friday

1.		+	4	=	8
---		-	-	------	--
2.		+	4	=	9
3.		add	3	=	7
4.		+	3	equals	9
5.		+	5	=	10
6.		plus	3	=	6
7.		+	1	equals	6
8.		+	6	=	7
9.		add	4	=	7
10.		+	1	=	7

Ninja challenge

Cho has 7 pencils. Tom has 3. How **many more** pencils does Cho have than Tom?

Arithmetic Ninja 6-7 © Andrew Jennings, 2022

SHINOBI LEVEL
WEEK 3

Monday

1.	☐	+	3	=	10
2.	10	is equal to	7	+	☐
3.	10	subtract	3	is equal to	☐
4.	20	is the sum of	17	and	☐
5.	20	is equal to	16	and	☐
6.	16	+	4	=	☐
7.	double	8	☐	to	16
8.	8	groups of	2	is equal to	☐
9.	☐	groups of	2	is equal to	18
10.	18	=	9	x	☐

Tuesday

1.	☐	+	6	=	10
2.	10	is equal to	4	+	☐
3.	10	is the sum of	6	and	☐
4.	20	is equal to	14	and	☐
5.	20	subtract	4	is equal to	☐
6.	10	−	5	=	☐
7.	5	+	☐	=	10
8.	5	groups of	2	=	☐
9.	10	=	☐	x	2
10.	8	=	☐	x	2

Wednesday

1.	☐	+	9	=	10
2.	10	subtract	9	=	☐
3.	20	−	19	=	☐
4.	20	−	2	=	☐
5.	19	−	2	=	☐
6.	18	−	2	=	☐
7.	9	lots of	☐	is equal to	18
8.	9	x	2	=	☐
9.	10	x	☐	=	20
10.	double	10	is equal	to	☐

Thursday

1.	☐	+	2	=	9
2.	6	+	3	=	☐
3.	9	=	5	+	☐
4.	9	+	11	=	☐
5.	20	subtract	11	=	☐
6.	20	−	12	=	☐
7.	4	lots of	☐	is equal to	8
8.	8	is equal to	4	x	☐
9.	10	is equal to	☐	x	2
10.	6	x	2	=	☐

Friday

1.	☐	+	3	=	7
2.	7	=	3	add	☐
3.	☐	=	3	+	5
4.	9	=	3	+	☐
5.	20	is equal to	3	add	☐
6.	17	+	3	=	☐
7.	double	10	☐	to	20
8.	10	x	2	=	☐
9.	☐	is equal to	10	groups of	2
10.	10	is equal to	5	lots of	☐

Ninja challenge

Sam tells Tom that the **sum** of 9 and 7 is 15. Is Sam correct? Explain why.

14   Arithmetic Ninja 6-7 © Andrew Jennings, 2022

GRAND MASTER LEVEL

WEEK 3

Monday

1.	☐	+	five	=	79
2.	29	add	11	equals	☐
3.	67	+	☐	=	77
4.	☐	–	7	=	63
5.	43	–	10	=	☐
6.	☐	–	12	equals	48
7.	half of 4	+	double 2	=	☐
8.	7	x	10	=	☐
9.	5	lots of	☐	equals	35
10.	6	groups of	3	=	☐

Tuesday

1.	☐	+	five	=	88
2.	57	add	11	equals	☐
3.	81	+	☐	=	91
4.	☐	–	7	=	28
5.	72	–	10	=	☐
6.	☐	–	12	equals	71
7.	half of 6	+	double 1	=	☐
8.	eight	x	10	=	☐
9.	5	lots of	☐	equals	15
10.	7	groups of	3	=	☐

Wednesday

1.	59	+	five	=	☐
2.	41	add	☐	equals	52
3.	67	+	10	=	☐
4.	84	–	☐	=	77
5.	64	–	10	=	☐
6.	☐	–	12	equals	31
7.	half of 8	+	double 2	=	☐
8.	six	x	10	=	☐
9.	☐	lots of	4	equals	20
10.	☐	groups of	3	=	12

Thursday

1.	61	+	nine	=	☐
2.	54	add	☐	equals	66
3.	71	+	10	=	☐
4.	66	–	☐	=	59
5.	72	–	10	=	☐
6.	☐	–	11	equals	33
7.	half of 10	+	double 2	=	☐
8.	twelve	x	10	=	☐
9.	☐	lots of	5	equals	30
10.	☐	groups of	3	=	18

Friday

1.	72	+	seven	=	☐
2.	87	add	☐	equals	100
3.	36	+	10	=	☐
4.	64	–	☐	=	55
5.	77	–	10	=	☐
6.	☐	–	12	equals	39
7.	half of 12	+	double 5	=	☐
8.	three	x	10	=	☐
9.	☐	lots of	5	equals	45
10.	☐	groups of	3	=	24

Ninja challenge

Iko says that **half** of 16 is **equal** to **double** 6. Is Iko correct? Explain your answer.

GRASSHOPPER LEVEL
WEEK 4

Monday
1.	10	–	9	=	
2.	10	–	7	=	
3.	10	take away	8	=	
4.	10	–	6	equals	
5.	10	–	4	=	
6.	10	subtract	5	=	
7.	10	–	10	equals	
8.	10	–	2	=	
9.	10	minus	3	=	
10.	10	–	1	=	

Tuesday
1.	10	–	3	=	
2.	10	–	5	=	
3.	10	take away	9	=	
4.	10	–	7	equals	
5.	10	–	6	=	
6.	10	subtract	4	=	
7.	10	–	1	equals	
8.	10	–	8	=	
9.	10	minus	0	=	
10.	10	–	2	=	

Wednesday
1.	10	–	5	=	
2.	10	–	6	=	
3.	10	take away	9	=	
4.	10	–	0	equals	
5.	10	–	1	=	
6.	10	subtract	4	=	
7.	10	–	7	equals	
8.	10	–	8	=	
9.	10	minus	2	=	
10.	10	–	3	=	

Thursday
1.	10	–	3	=	
2.	10	–	7	=	
3.	10	take away	1	=	
4.	10	–	0	equals	
5.	10	–	9	=	
6.	10	subtract	10	=	
7.	10	–	8	equals	
8.	10	–	2	=	
9.	10	minus	5	=	
10.	10	–	4	=	

Friday
1.	10	–	10	=	
2.	10	–	0	=	
3.	10	take away	1	=	
4.	10	–	9	equals	
5.	10	–	8	=	
6.	10	subtract	2	=	
7.	10	–	7	equals	
8.	10	–	3	=	
9.	10	minus	6	=	
10.	10	–	4	=	

Ninja challenge
Sam has 8 blocks. Iko has 2 blocks. How **many more** blocks does Sam have than Iko?

SHINOBI LEVEL

WEEK 4

Monday

1.		+	7	=	10
2.	10	=	7	+	
3.	3	add	7	is equal to	
4.	3	add	17	is equal to	
5.	20	is the sum of	17	and	
6.	20	is equal to		and	4
7.	4	lots of		is equal to	8
8.	8	is equal	to	double	
9.	double		is equal	to	10
10.	5	x	2	=	

Tuesday

1.		+	8	=	10
2.	10	subtract	8	is equal to	
3.	10	subtract	9	is equal to	
4.		subtract	9	is equal to	11
5.	11	+	9	=	
6.	10	+	10	is equal to	
7.	double	10		to	20
8.	10	x	2	=	
9.		x	2	is equal to	22
10.	12	groups of	2	=	

Wednesday

1.		+	8	=	10
2.	3	+	7	=	
3.	3	+	6	=	
4.	2	add		is equal to	8
5.	2	add	18	=	
6.	20	=	2	+	
7.	6	lots of	2	is equal to	
8.	12	is equal to	6	groups of	
9.		x	2	=	12
10.	12	=	6	x	

Thursday

1.		–	4	=	6
2.	6	=	10	–	
3.		=	20	–	4
4.	20	subtract		is equal to	4
5.	20	subtract	15	is equal to	
6.	20	–	14	=	
7.	20	is equal to		groups of	2
8.	10	x	2	=	
9.		x	2	=	16
10.	16	is equal to	8	groups of	

Friday

1.		+	6	=	9
2.	3	+	7	=	
3.	4	add	6	=	
4.	10	subtract	6	is	
5.		+	4	=	20
6.	20	subtract	14	is equal to	
7.	20	subtract		=	7
8.	7	groups of	2	is equal to	
9.	14	is equal to		lots of	2
10.	7	x	2	=	

Ninja challenge

Cho says that double 10 is **equal** to the **sum** of 11 and 9. Is Cho correct? Explain why.

GRAND MASTER LEVEL
WEEK 4

Monday
1.	72	+	eight	=	
2.	63	add		equals	86
3.	36	+	10	=	
4.	64	–		=	57
5.	82	subtract	10	=	
6.		–	24	equals	27
7.	half of 12	–	half of 10	=	
8.	six	x	10	=	
9.		times	5	equals	35
10.		multiplied by	3	=	15

Tuesday
1.	63	+	four	=	
2.	61	add		equals	82
3.	56	+	10	=	
4.	72	–		=	63
5.	64	subtract	10	=	
6.		–	26	equals	41
7.	half of 10	–	half of 8	=	
8.	four	x	10	=	
9.		times	5	equals	40
10.		multiplied by	3	=	6

Wednesday
1.	75	+	five	=	
2.	61	add		equals	95
3.	74	+	10	=	
4.	82	–		=	73
5.	73	subtract	10	=	
6.		–	23	equals	55
7.	half of 14	–	half of 8	=	
8.	seven	x	10	=	
9.		times	5	equals	25
10.		multiplied by	3	=	18

Thursday
1.	61	+	five	=	
2.	59	–		equals	25
3.	68	+	10	=	
4.	73	–		=	64
5.	62	subtract	10	=	
6.		–	23	equals	34
7.	half of 20	–	half of 10	=	
8.	eleven	x	10	=	
9.		times	5	equals	45
10.		multiplied by	3	=	36

Friday
1.	54	+	eight	=	
2.	62	add		equals	86
3.	49	+	10	=	
4.	72	–		=	65
5.	58	subtract	10	=	
6.		–	23	equals	75
7.	half of 18	–	half of 4	=	
8.	twelve	x	10	=	
9.		times	5	equals	50
10.		multiplied by	3	=	0

Ninja challenge

Tom tells Sam that 38 **less than** 93 is **greater than** 50. Is Tom correct? Explain your answer.

GRASSHOPPER LEVEL

WEEK 5

Monday

1.	10	–		=	1
2.	10	–		=	3
3.	10	take away		=	2
4.	10	–		equals	4
5.	10	–		=	6
6.	10	subtract		=	5
7.	10	–		equals	0
8.	10	–		=	8
9.	10	minus		=	7
10.	10	–		=	9

Tuesday

1.	10	–		=	7
2.	10	–		=	5
3.	10	take away		=	1
4.	10	–		equals	3
5.	10	–		=	4
6.	10	subtract		=	6
7.	10	–		equals	9
8.	10	–		=	2
9.	10	minus		=	10
10.	10	–		=	8

Wednesday

1.	10	–		=	5
2.	10	–		=	4
3.	10	take away		=	1
4.	10	–		equals	10
5.	10	–		=	9
6.	10	subtract		=	6
7.	10	–		equals	3
8.	10	–		=	2
9.	10	minus		=	8
10.	10	–		=	7

Thursday

1.	10	–		=	7
2.	10	–		=	3
3.	10	take away		=	9
4.	10	–		equals	10
5.	10	–		=	1
6.	10	subtract		=	0
7.	10	–		equals	2
8.	10	–		=	8
9.	10	minus		=	5
10.	10	–		=	6

Friday

1.	10	–		=	0
2.	10	–		=	10
3.	10	take away		=	9
4.	10	–		equals	1
5.	10	–		=	2
6.	10	subtract		=	8
7.	10	–		equals	3
8.	10	–		=	7
9.	10	minus		=	4
10.	10	–		=	6

Ninja challenge

Iko has 8 counters. Sam **takes away** 5 of Iko's counters. How many counters does Iko have left?

Arithmetic Ninja 6-7 © Andrew Jennings, 2022

SHINOBI LEVEL
WEEK 5

Monday

1.	☐	add	4	is equal to	20
2.	4	less than	20	is	☐
3.	5	less than	20	is	☐
4.	20	is	5	more than	☐
5.	20	−	☐	=	5
6.	20	−	☐	=	6
7.	6	=	☐	lots of	2
8.	3	x	2	=	☐
9.	☐	x	2	=	8
10.	8	is equal to	4	lots of	☐

Tuesday

1.	☐	add	9	is equal to	20
2.	9	less than	20	is	☐
3.	8	less than	20	is	☐
4.	12	is	☐	less than	20
5.	20	−	12	=	☐
6.	20	−	11	=	☐
7.	20	subtract	☐	=	10
8.	11	x	2	=	☐
9.	☐	groups of	2	is equal to	22
10.	12	lots of	2	=	☐

Wednesday

1.	☐	+	15	=	20
2.	5	more than	15	is	☐
3.	20	is	☐	more than	15
4.	20	is	☐	more than	16
5.	4	less than	20	is	☐
6.	20	−	16	=	☐
7.	20	−	☐	=	6
8.	2	lots of	2	is equal to	☐
9.	☐	x	2	=	4
10.	1	x	2	=	☐

Thursday

1.	☐	+	2	=	5
2.	4	+	2	=	☐
3.	8	add	2	is equal to	☐
4.	18	add	2	=	☐
5.	20	=	18	+	☐
6.	20	is	2	more than	☐
7.	12	is	☐	less than	20
8.	12	=	20	−	☐
9.	12	=	☐	lots of	2
10.	12	is equal to	6	x	☐

Friday

1.	☐	−	15	=	5
2.	20	subtract	5	is equal to	☐
3.	15	is	5	less than	☐
4.	14	is	6	less than	☐
5.	20	−	14	=	☐
6.	20	−	16	=	☐
7.	double	8	☐	to	16
8.	16	is equal to	8	lots of	☐
9.	☐	x	2	=	16
10.	9	x	2	=	☐

Ninja challenge

Tom asks Sam what 9 **less** that 20 is. Sam says 12. Explain why Sam is incorrect.

20   Arithmetic Ninja 6-7 © Andrew Jennings, 2022

GRAND MASTER LEVEL
WEEK 5

Monday

1.	4 + 4	+	2 + 7	=	
2.	72	add		equals	96
3.	45	+	17	=	
4.	83	−		=	76
5.	58	subtract	16	=	
6.		−	33	equals	65
7.		−	20	=	12
8.	half	of	18	=	
9.		times	5	equals	25
10.		multiplied by	3	=	15

Tuesday

1.	4 + 6	+	5 + 7	=	
2.	12	add		equals	39
3.	34	+	25	=	
4.	33	−	29	=	
5.	78	subtract	14	=	
6.		−	33	equals	52
7.		−	15	=	30
8.	half	of	20	=	
9.		times	5	equals	35
10.		multiplied by	3	=	24

Wednesday

1.	6 + 7	+	10 + 8	=	
2.		−	22	equals	42
3.	56	−		=	33
4.		−	35	=	26
5.	65	subtract		=	34
6.	84	−		equals	61
7.		−	20	=	6
8.	half	of	14	=	
9.		times	5	equals	30
10.		multiplied by	3	=	33

Thursday

1.	8 + 7	+	1 + 4	=	
2.		add	22	equals	96
3.	64	+		=	76
4.		−	47	=	34
5.	45	subtract		=	22
6.	84	−		equals	55
7.		−	30	=	33
8.	half	of	22	=	
9.		times	5	equals	60
10.		multiplied by	3	=	36

Friday

1.	10 + 7	+	10 + 4	=	
2.		add	22	equals	85
3.	71	+		=	83
4.		−	47	=	37
5.	63	subtract		=	40
6.	91	−		equals	62
7.		−	40	=	12
8.	half	of	40	=	
9.		times	5	equals	5
10.		multiplied by	3	=	36

Ninja challenge

Sam says that if you **double** 4 and then **double** the **answer**, you will get a total of 18. Is Sam correct? Explain your answer.

Arithmetic Ninja 6-7 © Andrew Jennings, 2022

GRASSHOPPER LEVEL
WEEK 6

Monday

1.	4	+		=	10
2.	7	plus		=	10
3.	2	+		=	10
4.	3	add		=	10
5.	10	–		=	5
6.	10	take away		=	7
7.	10	–		=	8
8.	10	subtract		=	3
9.	5	x	2	=	
10.	3	groups of	2	=	

Tuesday

1.	5	+		=	10
2.	1	plus		=	10
3.	9	+		=	10
4.	6	add		=	10
5.	10	–		=	5
6.	10	take away		=	7
7.	10	–		=	8
8.	10	subtract		=	3
9.	2	x	5	=	
10.	2	groups of	5	=	

Wednesday

1.	3	+		=	10
2.	6	plus		=	10
3.	10	+		=	10
4.	0	add		=	10
5.	10	–		=	5
6.	10	take away		=	7
7.	10	–		=	8
8.	10	subtract		=	3
9.	2	x	4	=	
10.	2	groups of	6	=	

Thursday

1.	4	+		=	10
2.	6	plus		=	10
3.	5	+		=	10
4.	7	add		=	10
5.	10	–		=	3
6.	10	take away		=	5
7.	10	–		=	4
8.	10	subtract		=	6
9.	2	x	7	=	
10.	2	groups of	2	=	

Friday

1.	5	+		=	10
2.	9	plus		=	10
3.	1	+		=	10
4.	3	add		=	10
5.	10	–		=	3
6.	10	take away		=	5
7.	10	–		=	4
8.	10	subtract		=	6
9.	2	x	5	=	
10.	2	groups of	4	=	

Ninja challenge

Cho collects 4 marbles, then collects a further 6 marbles. **How many** marbles has Cho collected in **total**?

SHINOBI LEVEL
WEEK 6

Monday

1.	☐	more than	1	is	7
2.	5	more than	1	is	☐
3.	5	+	5	=	☐
4.	20	is equal to	15	+	☐
5.	20	subtract	☐	=	6
6.	20	subtract	13	=	☐
7.	13	+	☐	=	20
8.	7	lots of	2	is equal to	☐
9.	☐	groups of	2	is	16
10.	16	is equal to	8	lots of	☐

Tuesday

1.	☐	is	1	more than	19
2.	20	is	2	more than	☐
3.	3	less than	20	is	☐
4.	20	−	3	=	☐
5.	20	−	7	=	☐
6.	☐	+	13	=	20
7.	3	is equal to	☐	−	17
8.	3	lots of	2	is equal to	☐
9.	6	groups of	2	is equal to	☐
10.	12	x	2	=	☐

Wednesday

1.	☐	=	2	+	18
2.	20	is	2	more than	☐
3.	18	is	2	less than	☐
4.	8	is	12	less than	☐
5.	9	is	11	less than	☐
6.	11	+	9	=	☐
7.	11	x	☐	=	22
8.	double	11	is equal	to	☐
9.	22	is equal to	☐	lots of	2
10.	24	=	12	x	☐

Thursday

1.	☐	+	2	=	4
2.	5	=	3	+	☐
3.	5	+	15	=	☐
4.	6	+	14	=	☐
5.	20	is equal to	14	+	☐
6.	20	is	14	more than	☐
7.	6	less than	☐	is	14
8.	6	groups of	2	is equal to	☐
9.	7	lots of	☐	is equal to	14
10.	7	x	2	=	☐

Friday

1.	☐	−	11	=	9
2.	20	is	11	more than	☐
3.	9	is	11	less than	☐
4.	11	is	9	less than	☐
5.	12	is	8	less than	☐
6.	20	−	12	=	☐
7.	20	−	☐	=	7
8.	☐	=	10	x	2
9.	10	lots of	☐	is equal to	20
10.	9	lots of	2	=	☐

Ninja challenge

Tom says he has **half** the counters he had to start with. He had 14 to start with and now has 8. Is Tom correct? Explain why.

Arithmetic Ninja 6-7 © Andrew Jennings, 2022

GRAND MASTER LEVEL

WEEK 6

Monday

1.	10 + 3	+	10 + 5	=	
2.	22	more than	62	equals	
3.	71	+		=	92
4.		x	10	=	80
5.	63	subtract		=	22
6.	29	less than	92	equals	
7.		–	20	=	34
8.	half	of		=	10
9.	double			equals	4
10.		lots of	5	=	30

Tuesday

1.	10 + 6	+	10 + 3	=	
2.	25	more than	61	equals	
3.	77	+		=	96
4.		x	10	=	70
5.	64	subtract		=	41
6.	27	less than	69	equals	
7.		–	9	=	3
8.	half	of		=	20
9.	double			equals	8
10.		lots of	2	=	6

Wednesday

1.	10 + 7	+	10 + 9	=	
2.	31	more than	53	equals	
3.	48	+		=	74
4.		x	10	=	30
5.	61	subtract		=	22
6.	31	less than	53	equals	
7.		–	19	=	10
8.	half	of		=	30
9.	double			equals	10
10.		lots of	10	=	90

Thursday

1.	10 + 8	+	10 + 5	=	
2.	45	more than	35	equals	
3.	39	–		=	11
4.		x	10	=	80
5.	72	subtract		=	10
6.	41	less than	68	equals	
7.		–	16	=	20
8.	half	of		=	40
9.	double			equals	12
10.		lots of	2	=	18

Friday

1.	10 + 7	+	10 + 7	=	
2.	29	more than	47	equals	
3.	72	+		=	92
4.		x	10	=	120
5.	58	subtract		=	27
6.	32	less than	62	equals	
7.		–	11	=	10
8.	half	of		=	50
9.	double			equals	14
10.		lots of	5	=	45

Ninja challenge

Iko says that the **sum** of 8 **equal groups** of 5 is **equal** to the **sum** of 4 **equal groups** of 10. Is Iko correct? Explain your answer.

WEEK 7

GRASSHOPPER LEVEL

Monday

1.	4	+	6	=	
2.	40	plus	60	=	
3.	2	+	8	=	
4.	20	add	80	=	
5.	10	–	5	=	
6.	100	take away	50	=	
7.	10	–	2	=	
8.	100	subtract	70	=	
9.	5	x	2	=	
10.	50	groups of	2	=	

Tuesday

1.	3	+	7	=	
2.	30	plus	70	=	
3.	5	+	5	=	
4.	50	add	50	=	
5.	10	–	3	=	
6.	100	take away	30	=	
7.	10	–	4	=	
8.	100	subtract	40	=	
9.	4	x	2	=	
10.	40	groups of	2	=	

Wednesday

1.	1	+	9	=	
2.	10	plus	90	=	
3.	8	+	2	=	
4.	80	add	20	=	
5.	10	–	1	=	
6.	100	take away	10	=	
7.	10	–	7	=	
8.	100	subtract	70	=	
9.	2	x	2	=	
10.	20	groups of	2	=	

Thursday

1.	6	+	4	=	
2.	60	plus	40	=	
3.	2	+	8	=	
4.	20	add	80	=	
5.	10	–	9	=	
6.	100	take away	90	=	
7.	10	–	2	=	
8.	100	subtract	20	=	
9.	3	x	2	=	
10.	30	groups of	2	=	

Friday

1.	7	+	3	=	
2.	70	plus	30	=	
3.	4	+	6	=	
4.	40	add	60	=	
5.	10	–	4	=	
6.	100	take away	40	=	
7.	10	–	1	=	
8.	100	subtract	10	=	
9.	5	x	2	=	
10.	50	groups of	2	=	

Ninja challenge

Tom makes 5 groups of 2 marbles. How many marbles does Tom have in **total**?

Arithmetic Ninja 6-7 © Andrew Jennings, 2022

SHINOBI LEVEL
WEEK 7

Monday
1.	☐	+	8	=	11
2.	4	+	8	=	☐
3.	5	add	8	=	☐
4.	46	=	40	+	☐
5.	46	=	30	+	☐
6.	46	=	20	+	☐
7.	26	+	☐	=	46
8.	double	11	is equal	to	☐
9.	half of	☐	is equal	to	11
10.	half of	20	is equal	to	☐

Tuesday
1.	☐	+	3	=	12
2.	10	+	3	=	☐
3.	11	+	3	=	☐
4.	78	=	70	+	☐
5.	78	=	60	add	☐
6.	78	=	50	+	☐
7.	50	+	☐	=	78
8.	half of	6	is equal	to	☐
9.	double	☐	is equal	to	6
10.	3	x	2	=	☐

Wednesday
1.	☐	+	5	=	12
2.	8	+	5	=	☐
3.	9	+	5	=	☐
4.	10	add	5	=	☐
5.	30	+	☐	=	35
6.	20	+	15	=	☐
7.	10	+	☐	=	35
8.	35	=	25	+	☐
9.	half of	☐	is equal	to	5
10.	double	5	is equal	to	☐

Thursday
1.	☐	+	11	=	17
2.	7	+	11	=	☐
3.	19	=	11	+	☐
4.	60	+	9	=	☐
5.	50	+	19	=	☐
6.	40	add	29	=	☐
7.	69	=	☐	+	40
8.	4	x	2	=	☐
9.	double	☐	is equal	to	8
10.	8	is equal	to	double	☐

Friday
1.	☐	+	12	=	16
2.	5	+	12	=	☐
3.	6	+	12	=	☐
4.	19	is equal to	12	+	☐
5.	84	=	80	+	☐
6.	84	=	70	+	☐
7.	84	=	☐	+	24
8.	half of	12	is equal	to	☐
9.	half of	☐	is equal	to	5
10.	8	is equal	to	double	☐

Ninja challenge
Iko says that double 5 is equal to half of 20. Explain why Iko is correct.

GRAND MASTER LEVEL

WEEK 7

Monday

1.	12 + 7	+	9 + 7	=	
2.	31	more than	54	equals	
3.	43	+		=	55
4.		x	5	=	35
5.		subtract	12	=	59
6.		less than	43	equals	25
7.	27	–	19	=	
8.	half	of		=	60
9.	double		equals	16	
10.		lots of	2	=	16

Tuesday

1.	13 + 4	+	8 + 5	=	
2.	51	more than	22	equals	
3.	43	–		=	11
4.		x	5	=	40
5.		subtract	43	=	18
6.		less than	67	equals	42
7.	31	–	17	=	
8.	half	of		=	70
9.	double		equals	18	
10.		lots of	2	=	14

Wednesday

1.	12 + 7	+	6 + 6	=	
2.	31	more than	49	equals	
3.	61	+		=	80
4.		x	5	=	20
5.		subtract	35	=	37
6.		less than	51	equals	25
7.	24	–	9	=	
8.	half	of		=	80
9.	double		equals	22	
10.		lots of	2	=	10

Thursday

1.	9 + 7	+	9 + 6	=	
2.	26	more than	34	equals	
3.	35	+		=	87
4.		x	5	=	55
5.		subtract	32	=	30
6.		less than	43	equals	31
7.	28	–	15	=	
8.	half	of		=	90
9.	double		equals	24	
10.		lots of	2	=	14

Friday

1.	5 + 7	+	4 + 6	=	
2.	21	more than	51	equals	
3.	53	+		=	65
4.		x	5	=	60
5.		subtract	18	=	24
6.		less than	65	equals	47
7.	32	–	14	=	
8.	half	of		=	100
9.	double		equals	26	
10.		lots of	2	=	24

Ninja challenge

Cho has 87 counters. She **takes away** 40 counters. How many counters does Cho have remaining?

Arithmetic Ninja 6-7 © Andrew Jennings, 2022

GRASSHOPPER LEVEL

WEEK 8

Monday

1.	7	+	3	=	
2.	17	plus	3	=	
3.	4	+	6	equals	
4.	14	add	6	=	
5.	10	–	4	=	
6.	20	take away	4	equals	
7.	10	–	1	=	
8.	20	subtract	1	=	
9.	double		4	=	
10.	half of		4	=	

Tuesday

1.	1	+	9	=	
2.	1	plus	19	=	
3.	6	+	4	equals	
4.	16	add	4	=	
5.	10	–	6	=	
6.	20	take away	6	equals	
7.	10	–	7	=	
8.	20	subtract	7	=	
9.	double		2	=	
10.	half of		2	=	

Wednesday

1.	4	+	6	=	
2.	14	plus	6	=	
3.	5	+	5	equals	
4.	15	add	5	=	
5.	10	–	3	=	
6.	20	take away	3	equals	
7.	10	–	5	=	
8.	20	subtract	5	=	
9.	double		6	=	
10.	half of		6	=	

Thursday

1.	5	+	5	=	
2.	15	plus	5	=	
3.	8	+	2	equals	
4.	18	add	2	=	
5.	10	–	9	=	
6.	20	take away	9	equals	
7.	10	–	1	=	
8.	20	subtract	1	=	
9.	double		8	=	
10.	half of		8	=	

Friday

1.	9	+	1	=	
2.	19	plus	1	=	
3.	7	+	3	equals	
4.	17	add	3	=	
5.	10	–	4	=	
6.	20	take away	4	equals	
7.	10	–	9	=	
8.	20	subtract	9	=	
9.	double		8	=	
10.	half of		8	=	

Ninja challenge

Cho, Sam, Tom and Iko all have 2 toy cars **each**. How many toy cars do they have **altogether**?

SHINOBI LEVEL

WEEK 8

Monday
1.	☐	+	2	=	19
2.	16	+	2	=	☐
3.	15	add	2	is equal to	☐
4.	58	=	☐	+	8
5.	58	=	☐	+	18
6.	30	+	28	is equal to	☐
7.	20	add	☐	=	58
8.	half of	20	is equal	to	☐
9.	half of	☐	is equal	to	5
10.	10	is equal	to	double	☐

Tuesday
1.	☐	+	9	=	17
2.	8	+	8	is equal to	☐
3.	8	add	7	=	☐
4.	14	=	8	+	☐
5.	96	=	90	+	☐
6.	96	=	80	+	☐
7.	96	=	☐	+	26
8.	half of	16	is equal	to	☐
9.	☐	is equal	to	double	8
10.	8	lots of 2	is equal	to	☐

Wednesday
1.	☐	+	7	=	16
2.	10	+	7	is equal to	☐
3.	11	add	7	=	☐
4.	89	=	80	+	☐
5.	89	=	70	+	☐
6.	89	is equal to	60	+	☐
7.	50	add	☐	is equal to	89
8.	double	7	is equal	to	☐
9.	7	x	☐	=	14
10.	14	is equal to	7	groups of	☐

Thursday
1.	☐	+	11	=	16
2.	6	add	11	=	☐
3.	7	+	11	is equal to	☐
4.	19	is equal to	8	+	☐
5.	62	=	60	+	☐
6.	62	=	50	+	☐
7.	62	=	☐	+	22
8.	half of	22	is equal	to	☐
9.	double	☐	is equal	to	22
10.	11	groups of	2	=	☐

Friday
1.	☐	+	13	=	17
2.	4	+	14	=	☐
3.	4	+	15	=	☐
4.	5	+	14	=	☐
5.	34	=	30	+	☐
6.	34	=	20	+	☐
7.	34	=	☐	+	2
8.	double	10	is equal	to	☐
9.	20	is equal to	☐	lots of	2
10.	half of	20	is equal	to	☐

Ninja challenge
Sam tells Iko that 2 **groups** of 10 is **equal** to 4 **groups** of 5. Is Sam correct? Explain why.

Arithmetic Ninja 6-7 © Andrew Jennings, 2022

GRAND MASTER LEVEL
WEEK 8

Monday

1.	10 + 7	+	10 + 6	=	
2.	41	more than	23	equals	
3.	23	+		=	45
4.		x	2	=	24
5.		subtract	19	=	35
6.		less than	83	equals	64
7.		−	14	=	11
8.	half	of		=	80
9.	double		equals	14	
10.		lots of	10	=	120

Tuesday

1.	10 + 4	+	10 + 2	=	
2.	37	more than	45	equals	
3.	24	+		=	86
4.		x	2	=	14
5.		subtract	23	=	26
6.		less than	56	equals	31
7.		−	16	=	29
8.	half	of		=	40
9.	double		equals	22	
10.		groups of	10	=	90

Wednesday

1.	10 + 8	+	10 + 4	=	
2.	27	more than	72	equals	
3.	64	+		=	89
4.		x	2	=	18
5.		subtract	21	=	52
6.		less than	94	equals	49
7.		−	12	=	53
8.	half	of		=	30
9.	double		equals	18	
10.		groups of	10	=	40

Thursday

1.	10 + 9	+	10 + 7	=	
2.	41	more than	59	equals	
3.	46	+		=	97
4.		x	2	=	16
5.		subtract	45	=	26
6.		less than	91	equals	65
7.		−	13	=	2
8.	half	of		=	50
9.	double		equals	20	
10.		groups of	10	=	50

Friday

1.	10 + 8	+	10 + 8	=	
2.	36	more than	60	equals	
3.	54	+		=	81
4.		x	2	=	24
5.		subtract	38	=	34
6.		less than	87	equals	49
7.		−	14	=	31
8.	half	of		=	70
9.	double		equals	12	
10.		groups of	10	=	90

Ninja challenge

Tom says that 98 is 44 **more than** 56. Is Tom correct? Explain your answer.

Arithmetic Ninja 6-7 © Andrew Jennings, 2022

GRASSHOPPER LEVEL
WEEK 9

Monday

1.	9	+	1	=
2.	14	add	6	=
3.	7	+	4	equals
4.	10	–	4	=
5.	20	minus	6	equals
6.	11	–	4	=
7.	3	lots of	5	=
8.	3	groups of	2	=
9.	double		1	equals
10.	double		2	=

Tuesday

1.	8	+	2	=
2.	15	add	5	=
3.	8	+	3	equals
4.	10	–	8	=
5.	20	minus	9	equals
6.	11	–	5	=
7.	4	lots of	5	=
8.	4	groups of	2	=
9.	double		2	equals
10.	double		3	=

Wednesday

1.	5	+	5	=
2.	14	add	6	=
3.	9	+	5	equals
4.	10	–	4	=
5.	20	minus	6	equals
6.	11	–	7	=
7.	5	lots of	5	=
8.	5	groups of	2	=
9.	double		3	equals
10.	double		4	=

Thursday

1.	1	+	9	=
2.	11	add	9	=
3.	8	+	5	equals
4.	10	–	9	=
5.	20	minus	11	equals
6.	11	–	9	=
7.	6	lots of	5	=
8.	6	groups of	2	=
9.	double		4	equals
10.	double		5	=

Friday

1.	7	+	3	=
2.	12	add	8	=
3.	7	+	7	equals
4.	10	–	6	=
5.	20	minus	7	equals
6.	11	–	4	=
7.	7	lots of	5	=
8.	7	groups of	2	=
9.	double		5	equals
10.	double		6	=

Ninja challenge

Iko builds a tower that is 11 blocks high. Tom then **knocks off** 3 blocks. **How many** blocks high is the tower now?

SHINOBI LEVEL
WEEK 9

Monday
1.	☐	−	5	=	13
2.	18	subtract	6	=	☐
3.	18	−	7	=	☐
4.	10	=	18	−	☐
5.	80	+	☐	=	89
6.	70	add	19	=	☐
7.	89	is equal to	☐	add	29
8.	half of	16	is equal	to	☐
9.	☐	is equal to	8	lots of	2
10.	14	is equal to	7	lots of	☐

Tuesday
1.	☐	−	11	=	8
2.	18	subtract	11	=	☐
3.	17	−	11	is equal to	☐
4.	40	+	7	=	☐
5.	30	add	17	=	☐
6.	20	+	27	=	☐
7.	47	is equal to	☐	add	37
8.	half of	10	is equal	to	☐
9.	double	☐	is equal	to	10
10.	5	x	2	=	☐

Wednesday
1.	☐	−	9	=	8
2.	16	−	9	=	☐
3.	15	−	9	=	☐
4.	6	+	9	=	☐
5.	60	+	3	=	☐
6.	50	+	13	=	☐
7.	63	is equal to	☐	+	23
8.	7	groups of	2	is equal to	☐
9.	half of	☐	is equal	to	7
10.	half of	16	is equal	to	☐

Thursday
1.	☐	subtract	8	is equal to	6
2.	14	subtract	7	=	☐
3.	14	−	6	is equal to	☐
4.	6	less than	14	=	☐
5.	80	+	7	=	☐
6.	70	add	17	=	☐
7.	87	=	☐	+	27
8.	4	x	2	=	☐
9.	double	☐	is equal	to	4
10.	half of	4	is equal	to	☐

Friday
1.	☐	−	11	=	3
2.	14	−	10	is equal to	☐
3.	14	subtract	9	=	☐
4.	50	+	☐	=	59
5.	40	add	☐	=	59
6.	59	=	30	+	☐
7.	half of	8	is equal	to	☐
8.	half of	4	is equal	to	☐
9.	one quarter of	☐	is equal	to	2
10.	4	x	2	=	☐

Ninja challenge
Iko says that 20 **minus** 7 is equal to **double** 7. Explain why Iko is incorrect.

GRAND MASTER LEVEL

WEEK 9

Monday
1. ☐ = 10 + 8 + 10 + 8
2. 30 more than 60 equals ☐
3. 40 + ☐ = 67
4. ☐ = 2 x 6
5. ☐ = 38 subtract 30
6. ☐ less than 87 = 57
7. 7 + 1 + 8 – 7 = ☐
8. half of 10 = ☐
9. ☐ = half of 20
10. ☐ = 9 lots of 10

Tuesday
1. ☐ = 10 + 3 + 10 + 4
2. 20 more than 50 equals ☐
3. 50 + ☐ = 82
4. ☐ = 2 x 7
5. ☐ = 45 subtract 20
6. ☐ less than 65 = 45
7. 7 + 3 + 8 – 5 = ☐
8. half of 8 = ☐
9. ☐ = half of 14
10. ☐ = 3 lots of 10

Wednesday
1. ☐ = 10 + 5 + 10 – 3
2. 30 more than 40 equals ☐
3. 20 + ☐ = 74
4. ☐ = 2 x 9
5. ☐ = 75 subtract 30
6. ☐ less than 65 = 45
7. 7 + 2 + 9 – 1 = ☐
8. half of 18 = ☐
9. ☐ = half of 12
10. ☐ = 11 lots of 10

Thursday
1. ☐ = 10 + 1 + 10 – 7
2. 10 more than 70 equals ☐
3. 40 + ☐ = 77
4. ☐ = 2 x 12
5. ☐ = 87 subtract 50
6. ☐ less than 71 = 31
7. 7 + 3 + 10 – 0 = ☐
8. half of 22 = ☐
9. ☐ = half of 16
10. ☐ = 4 lots of 10

Friday
1. ☐ = 10 + 5 + 10 – 5
2. 20 more than 40 equals ☐
3. 30 + ☐ = 56
4. ☐ = 2 x 7
5. ☐ = 96 subtract 90
6. ☐ less than 61 = 11
7. 7 + 4 + 7 – 4 = ☐
8. half of 2 = ☐
9. ☐ = half of 4
10. ☐ = 7 lots of 10

Ninja challenge
Cho says that 32 **less than** 59 is **greater than** 30. Is Cho correct? Explain your answer.

GRASSHOPPER LEVEL
WEEK 10

Monday
1.	5	+	6	=	
2.	8	add	6	=	
3.	9	+	8	equals	
4.	15	–	6	=	
5.	13	minus	8	equals	
6.	11	–	3	=	
7.	1	lot of	10	=	
8.	1	group of	5	=	
9.	double		6	equals	
10.	double		7	=	

Tuesday
1.	7	+	4	=	
2.	9	add	7	=	
3.	8	+	4	equals	
4.	13	–	6	=	
5.	14	minus	8	equals	
6.	19	–	3	=	
7.	2	lots of	10	=	
8.	2	groups of	5	=	
9.	double		7	equals	
10.	double		8	=	

Wednesday
1.	9	+	4	=	
2.	7	add	7	=	
3.	6	+	5	equals	
4.	17	–	6	=	
5.	15	minus	8	equals	
6.	18	–	3	=	
7.	3	lots of	10	=	
8.	3	groups of	5	=	
9.	double		8	equals	
10.	double		9	=	

Thursday
1.	7	+	6	=	
2.	9	add	4	=	
3.	5	+	9	equals	
4.	12	–	6	=	
5.	14	minus	8	equals	
6.	13	–	3	=	
7.	4	lots of	10	=	
8.	4	groups of	5	=	
9.	double		9	equals	
10.	double		10	=	

Friday
1.	8	+	7	=	
2.	4	add	9	=	
3.	5	+	8	equals	
4.	12	–	8	=	
5.	14	minus	7	equals	
6.	13	–	9	=	
7.	5	lots of	10	=	
8.	5	groups of	5	=	
9.	double		10	equals	
10.	double		11	=	

Ninja challenge

Tom has 7 counters. Cho says she has **double** the counters that Tom has. How many counters does Cho have?

SHINOBI LEVEL

WEEK 10

Monday

1.	☐	subtract	12	=	7
2.	18	−	12	is equal to	☐
3.	17	−	12	=	☐
4.	90	+	☐	=	94
5.	80	+	☐	=	94
6.	70	+	24	=	☐
7.	94	=	☐	+	34
8.	half of	6	is equal	to	☐
9.	double	☐	is equal	to	12
10.	12	=	6	x	☐

Tuesday

1.	☐	−	11	=	4
2.	15	subtract	10	=	☐
3.	6	=	15	−	☐
4.	7	is equal to	15	−	☐
5.	30	+	2	=	☐
6.	20	+	12	=	☐
7.	10	+	☐	=	32
8.	half of	10	is equal	to	☐
9.	☐	is equal	to	half of	10
10.	5	x	2	=	☐

Wednesday

1.	☐	−	12	=	1
2.	13	subtract	11	=	☐
3.	13	−	3	is equal to	☐
4.	9	=	13	−	☐
5.	60	+	8	=	☐
6.	50	+	☐	=	68
7.	68	is equal to	☐	+	28
8.	12	x	2	=	☐
9.	half of	☐	is equal	to	6
10.	half of	6	is equal	to	☐

Thursday

1.	☐	−	12	=	7
2.	18	−	12	is equal to	☐
3.	17	−	12	is equal to	☐
4.	4	is equal to	15	−	☐
5.	80	+	☐	=	87
6.	70	+	☐	=	87
7.	☐	+	27	=	87
8.	half of	12	is equal	to	☐
9.	half of	☐	is equal	to	3
10.	one quarter of	12	is equal	to	☐

Friday

1.	☐	−	15	=	3
2.	18	subtract	14	=	☐
3.	2	=	18	−	☐
4.	16	=	18	−	☐
5.	50	+	☐	=	58
6.	40	+	☐	=	58
7.	58	=	☐	+	28
8.	9	x	2	=	☐
9.	9	lots of	☐	is equal to	18
10.	8	lots of	2	=	☐

Ninja challenge

Tom has 9 counters. He collects 7 **more** counters. How many counters does Tom have in **total**?

Arithmetic Ninja 6-7 © Andrew Jennings, 2022

35

GRAND MASTER LEVEL
WEEK 10

Monday
1.		=	13	+	27
2.		more than	40	equals	90
3.		add	26	=	66
4.	14	=		x	7
5.		=	54	minus	40
6.		less than	61	=	31
7.	double 2	+	double 2	=	
8.	double		=	4	
9.	2	=	half	of	
10.	35	=		x	5

Tuesday
1.		=	17	+	15
2.		more than	50	equals	80
3.		add	14	=	64
4.	18	=		x	9
5.		=	72	minus	30
6.		less than	83	=	33
7.	double 2	+	double 3	=	
8.	double		=	10	
9.	6	=	half	of	
10.	40	=		x	5

Wednesday
1.		=	23	+	14
2.		more than	31	equals	81
3.		add	39	=	79
4.	14	=		x	7
5.		=	79	minus	20
6.		less than	98	=	28
7.	double 5	+	double 3	=	
8.	double		=	20	
9.	2	=	half	of	
10.	60	=		x	5

Thursday
1.		=	18	+	11
2.		more than	12	equals	92
3.		add	25	=	85
4.	22	=		x	11
5.		=	59	minus	30
6.		less than	71	=	31
7.	double 10	+	double 4	=	
8.	double		=	24	
9.	9	=	half	of	
10.	25	=		x	5

Friday
1.		=	23	+	19
2.		more than	36	equals	86
3.		add	38	=	78
4.	12	=		x	6
5.		=	63	minus	40
6.		less than	98	=	48
7.	double 8	+	double 1	=	
8.	double		=	10	
9.	12	=	half	of	
10.	40	=		x	5

Ninja challenge

Sam says Cho and Tom have the **same total**. Tom has 40 **more than** 15. Cho has 11 **equal groups** of 5. Is Sam correct? Explain your answer.

36   Arithmetic Ninja 6-7 © Andrew Jennings, 2022

GRASSHOPPER LEVEL
WEEK 11

Monday

1.	9	+		=	10
2.	14	add		=	20
3.	7	+		equals	11
4.	10	−		=	6
5.	20	minus		equals	14
6.	11	−		=	7
7.	3	lots of		=	15
8.	3	groups of		=	6
9.	double			equals	2
10.	double			=	4

Tuesday

1.	8	+		=	10
2.	15	add		=	20
3.	8	+		equals	11
4.	10	−		=	2
5.	20	minus		equals	11
6.	11	−		=	6
7.	4	lots of		=	20
8.	4	groups of		=	8
9.	double			equals	4
10.	double			=	6

Wednesday

1.	5	+		=	10
2.	14	add		=	20
3.	9	+		equals	14
4.	10	−		=	6
5.	20	minus		equals	14
6.	11	−		=	4
7.	5	lots of		=	25
8.	5	groups of		=	10
9.	double			equals	6
10.	double			=	8

Thursday

1.	1	+		=	10
2.	11	add		=	20
3.	8	+		equals	13
4.	10	−		=	1
5.	20	minus		equals	9
6.	11	−		=	2
7.	6	lots of		=	30
8.	6	groups of		=	12
9.	double			equals	8
10.	double			=	10

Friday

1.	7	+		=	10
2.	12	add		=	20
3.	7	+		equals	14
4.	10	−		=	4
5.	20	minus		equals	13
6.	11	−		=	7
7.	7	lots of		=	35
8.	7	groups of		=	14
9.	double			equals	10
10.	double			=	12

Ninja challenge

Iko has 10 counters, which is **double** the counters that Sam has. How many counters does Sam have?

Arithmetic Ninja 6-7 © Andrew Jennings, 2022

SHINOBI LEVEL
WEEK 11

Monday

1.	☐	+	3	=	19
2.	16	is	3	less than	☐
3.	19	−	4	=	☐
4.	19	is	☐	more than	15
5.	3	+	40	=	☐
6.	13	+	☐	is equal to	43
7.	43	=	☐	add	20
8.	half of	10	is equal	to	☐
9.	half of	☐	is equal	to	3
10.	quarter of	4	is equal	to	☐

Tuesday

1.	☐	+	13	=	18
2.	5	is	13	less than	☐
3.	17	−	3	=	☐
4.	17	is	☐	more than	14
5.	☐	+	70	=	76
6.	16	+	60	=	☐
7.	26	+	☐	=	76
8.	half of	8	is equal	to	☐
9.	quarter of	☐	is equal	to	2
10.	4	x	2	=	☐

Wednesday

1.	☐	+	7	=	16
2.	9	is	7	less than	☐
3.	16	−	8	=	☐
4.	16	is	☐	more than	8
5.	4	+	☐	is equal to	84
6.	14	+	70	=	☐
7.	24	+	☐	is equal to	84
8.	half of	12	is equal	to	☐
9.	quarter of	12	is equal	to	☐
10.	3	x	2	=	☐

Thursday

1.	☐	−	9	=	2
2.	11	is	9	more than	☐
3.	12	is	9	more than	☐
4.	12	subtract	☐	=	3
5.	3	+	☐	is equal to	53
6.	13	+	40	=	☐
7.	23	+	☐	=	53
8.	4	lots of	2	is equal to	☐
9.	quarter of	8	is equal	to	☐
10.	4	x	2	=	☐

Friday

1.	☐	+	9	=	16
2.	7	is	9	less than	☐
3.	16	−	6	is equal to	☐
4.	16	is	☐	more than	10
5.	7	+	☐	=	37
6.	17	+	20	is equal to	☐
7.	27	add	☐	=	37
8.	half of	12	is equal	to	☐
9.	half of	6	is equal	to	☐
10.	quarter of	12	is equal	to	☐

Ninja challenge

Sam says that the sum of 20 and 23 is **more than** 40. Is Sam correct? Explain why.

GRAND MASTER LEVEL
WEEK 11

Monday

1.		=	27	+	15
2.		=	30	more than	43
3.		=	40	plus	23
4.		=	5	x	6
5.		=	74	subtract	40
6.		=	50	less than	62
7.	double 8	−	double 1	=	
8.	half	of		=	2
9.	$\frac{1}{2}$	of	10	=	
10.	$\frac{2}{4}$	of		=	6

Tuesday

1.		=	34	+	17
2.		=	50	more than	41
3.		=	24	plus	30
4.		=	9	x	5
5.		=	82	subtract	40
6.		=	40	less than	79
7.	double 4	−	double 3	=	
8.	half	of		=	5
9.	$\frac{1}{2}$	of	12	=	
10.	$\frac{2}{4}$	of		=	7

Wednesday

1.		=	29	+	16
2.		=	40	more than	38
3.		=	47	plus	30
4.		=	4	x	5
5.		=	72	subtract	60
6.		=	30	less than	89
7.	double 5	−	double 2	=	
8.	half	of		=	5
9.	$\frac{1}{2}$	of	4	=	
10.	$\frac{2}{4}$	of		=	10

Thursday

1.		=	41	+	14
2.		=	60	more than	27
3.		=	43	plus	20
4.		=	10	x	5
5.		=	73	subtract	40
6.		=	40	less than	56
7.	double 10	−	double 9	=	
8.	half	of		=	10
9.	$\frac{1}{2}$	of	14	=	
10.	$\frac{2}{4}$	of		=	9

Friday

1.		=	29	+	17
2.		=	90	more than	4
3.		=	51	plus	30
4.		=	11	x	5
5.		=	72	subtract	50
6.		=	60	less than	87
7.	double 11	−	double 10	=	
8.	half	of		=	4
9.	$\frac{1}{2}$	of	12	=	
10.	$\frac{2}{4}$	of		=	12

Ninja challenge

Cho says that if she **doubles** 12 and **adds** 50, the total will be **closer** to 100 than to 50. Is Cho correct? Explain your answer.

Arithmetic Ninja 6-7 © Andrew Jennings, 2022

GRASSHOPPER LEVEL
WEEK 12

Monday

1.	5	+		=	11
2.	8	add		=	14
3.	9	+		equals	17
4.	15	–		=	9
5.	13	minus		equals	5
6.	11	–		=	8
7.	1	lot of		=	10
8.	1	group of		=	5
9.	double			equals	12
10.	double			=	14

Tuesday

1.	7	+		=	11
2.	9	add		=	16
3.	8	+		equals	12
4.	13	–		=	7
5.	14	minus		equals	6
6.	19	–		=	16
7.	2	lots of		=	20
8.	2	groups of		=	10
9.	double			equals	14
10.	double			=	16

Wednesday

1.	9	+		=	13
2.	7	add		=	14
3.	6	+		equals	11
4.	17	–		=	11
5.	15	minus		equals	7
6.	18	–		=	13
7.	3	lots of		=	30
8.	3	groups of		=	15
9.	double			equals	16
10.	double			=	18

Thursday

1.	7	+		=	13
2.	9	add		=	13
3.	5	+		equals	14
4.	12	–		=	6
5.	14	minus		equals	6
6.	13	–		=	10
7.	4	lots of		=	40
8.	4	groups of		=	20
9.	double			equals	18
10.	double			=	20

Friday

1.	8	+		=	15
2.	4	add		=	13
3.	5	+		equals	13
4.	12	–		=	4
5.	14	minus		equals	7
6.	13	–		=	4
7.	5	lots of		=	50
8.	5	groups of		=	25
9.	double			equals	20
10.	double			=	22

Ninja challenge

Iko has 7 buttons left after **taking away** 5 buttons. How many buttons did Iko have to begin with?

SHINOBI LEVEL
WEEK 12

Monday
1. ☐ + 13 = 17
2. 4 less than 17 is ☐
3. 17 is 5 more than ☐
4. 17 − ☐ = 5
5. 70 + ☐ = 73
6. 13 + 60 = ☐
7. 23 + 50 is equal to 33 + ☐
8. double 6 is equal to ☐
9. half of 12 is equal to ☐
10. quarter of 12 is equal to ☐

Tuesday
1. ☐ + 7 = 15
2. 8 less than 15 is ☐
3. 15 is 9 more than ☐
4. 15 − ☐ = 6
5. 4 + ☐ = 84
6. 70 + 14 = ☐
7. 60 + 23 = 50 + ☐
8. 6 lots of 2 is equal to ☐
9. half of 12 is equal to ☐
10. quarter of 8 is equal to ☐

Wednesday
1. ☐ + 9 = 18
2. 9 less than 18 is ☐
3. 18 is 9 more than ☐
4. 18 − ☐ = 9
5. 5 + ☐ = 95
6. 80 + 15 = ☐
7. 70 + 25 = 60 + ☐
8. 5 groups of 2 = ☐
9. 6 lots of 2 is equal to ☐
10. double 6 is equal to ☐

Thursday
1. ☐ + 6 = 17
2. 11 is 6 less than ☐
3. 17 is 5 more than ☐
4. 17 − ☐ = 12
5. 50 + ☐ = 53
6. 13 + 40 = ☐
7. 23 + 30 = 33 + ☐
8. double 11 is equal to ☐
9. 22 is equal to double ☐
10. 22 = 11 x ☐

Friday
1. ☐ add 13 = 19
2. 6 less than 19 is equal to ☐
3. 19 is 7 more than ☐
4. 19 − ☐ = 7
5. 60 + ☐ = 67
6. 17 + 40 = ☐
7. 27 + 40 = 37 + ☐
8. half of 16 is equal to ☐
9. half of 8 is equal to ☐
10. quarter of 16 is equal to ☐

Ninja challenge
Cho tells Iko that the **difference between double** 6 and **double** 7 is 1. Explain why Cho is incorrect.

Arithmetic Ninja 6-7 © Andrew Jennings, 2022

GRAND MASTER LEVEL
WEEK 12

Monday
1.		=	20	+	60
2.		=	40	more than	49
3.		=	71	plus	20
4.		=	11	x	5
5.		=	5	x	2
6.		=	40	less than	87
7.	double 11	+	10	=	
8.	50	+	30	=	
9.	$\frac{1}{2}$	of	20	=	
10.	$\frac{2}{4}$	of		=	20

Tuesday
1.		=	50	+	10
2.		=	50	more than	43
3.		=	52	plus	20
4.		=	5	x	5
5.		=	11	x	2
6.		=	60	less than	87
7.	double 12	+	10	=	
8.	50	+	50	=	
9.	$\frac{1}{2}$	of	10	=	
10.	$\frac{2}{4}$	of		=	25

Wednesday
1.		=	20	+	50
2.		=	60	more than	31
3.		=	53	plus	40
4.		=	3	x	5
5.		=	3	x	2
6.		=	20	less than	98
7.	double 10	+	10	=	
8.	10	+	90	=	
9.	$\frac{1}{2}$	of	40	=	
10.	$\frac{2}{4}$	of		=	50

Thursday
1.		=	30	+	60
2.		=	78	more than	21
3.		=	52	plus	40
4.		=	12	x	5
5.		=	10	x	2
6.		=	30	less than	96
7.	double 20	+	10	=	
8.	10	+	60	=	
9.	$\frac{1}{2}$	of	60	=	
10.	$\frac{2}{4}$	of		=	100

Friday
1.		=	50	+	30
2.		=	40	more than	21
3.		=	52	plus	40
4.		=	12	x	5
5.		=	10	x	2
6.		=	30	less than	96
7.	double 20	+	10	=	
8.	10	+	60	=	
9.	$\frac{1}{2}$	of	60	=	
10.	$\frac{2}{4}$	of		=	100

Ninja challenge
Tom says that **half** of 80 is **greater than** 6 **equal groups** of 5. Is Tom correct? Explain your answer.

GRASSHOPPER LEVEL
WEEK 13

Monday
1.	10	+	6	=	
2.	10	add	7	=	
3.	10	+	8	equals	
4.	20	–	13	=	
5.	20	minus	12	equals	
6.	20	–	15	=	
7.	2	lots of	10	=	
8.	2	groups of	5	=	
9.	double		1	equals	
10.	double		2	=	

Tuesday
1.	10	+	8	=	
2.	10	add	2	=	
3.	10	+	4	equals	
4.	20	–	16	=	
5.	20	minus	15	equals	
6.	20	–	11	=	
7.	3	lots of	10	=	
8.	3	groups of	5	=	
9.	double		2	equals	
10.	double		3	=	

Wednesday
1.	10	+	2	=	
2.	10	add	7	=	
3.	10	+	5	equals	
4.	20	–	12	=	
5.	20	minus	19	equals	
6.	20	–	10	=	
7.	4	lots of	10	=	
8.	4	groups of	5	=	
9.	double		3	equals	
10.	double		4	=	

Thursday
1.	10	+	8	=	
2.	10	add	0	=	
3.	10	+	4	equals	
4.	20	–	12	=	
5.	20	minus	14	equals	
6.	20	–	16	=	
7.	5	lots of	10	=	
8.	5	groups of	5	=	
9.	double		4	equals	
10.	double		5	=	

Friday
1.	10	+	3	=	
2.	10	add	6	=	
3.	10	+	9	equals	
4.	20	–	13	=	
5.	20	minus	16	equals	
6.	20	–	19	=	
7.	6	lots of	10	=	
8.	6	groups of	5	=	
9.	double		5	equals	
10.	double		6	=	

Ninja challenge
Tom has a group of 5 counters and a group of 7 counters. Iko has 13 counters. Who has **more** counters?

Arithmetic Ninja 6-7 © Andrew Jennings, 2022

SHINOBI LEVEL
WEEK 13

Monday
1. ☐ + 3 = 37
2. 34 + 4 = ☐
3. 34 + 5 = ☐
4. 39 − ☐ = 33
5. 40 + 6 = ☐
6. 30 + 16 = 20 + ☐
7. 10 + ☐ = 0 + 46
8. 6 lots of 2 is equal to ☐
9. half of 12 is equal to ☐
10. half of 14 is equal to ☐

Tuesday
1. ☐ − 5 = 23
2. 28 − 6 = ☐
3. 28 − 7 = ☐
4. ☐ + 8 = 29
5. ☐ + 9 = 69
6. 19 + 50 = 29 + ☐
7. 39 + 30 = 49 + ☐
8. double 12 is equal to ☐
9. half of 20 is equal to ☐
10. quarter of 20 is equal to ☐

Wednesday
1. ☐ + 2 = 45
2. 43 + 3 = ☐
3. ☐ + 4 = 47
4. 48 − ☐ = 43
5. 90 + 8 = ☐
6. 18 + 80 = 28 + ☐
7. 38 + 60 = 48 + ☐
8. 11 lots of 2 is equal to ☐
9. double ☐ is equal to 22
10. double 10 is equal to ☐

Thursday
1. ☐ − 4 = 25
2. 29 subtract 5 = ☐
3. 29 − ☐ is equal to 23
4. 22 + ☐ = 29
5. 70 + 6 = ☐
6. 60 + 16 = 50 + ☐
7. 40 + 36 = 30 + ☐
8. half of 4 is equal to ☐
9. half of 2 is equal to ☐
10. quarter of 4 is equal to ☐

Friday
1. ☐ + 2 = 36
2. 34 + 3 = ☐
3. 34 + 4 = ☐
4. 39 − ☐ = 34
5. ☐ + 80 = 86
6. 70 + 16 = 60 + ☐
7. 50 + 36 = 40 + ☐
8. double 5 is equal to ☐
9. double 10 is equal to ☐
10. half of 10 is equal to ☐

Ninja challenge
Tom says that 5 **more** than 34 is **greater** than 40. Is Tom correct? Explain why.

GRAND MASTER LEVEL
WEEK 13

Monday

1.		=	23	–	15
2.		=	50	more than	43
3.		=	34	plus	40
4.	40	=		x	5
5.	20	=		x	2
6.		=	30	less than	67
7.	double 8	–	10	=	
8.	2	x	3	=	
9.	$\frac{1}{2}$	of	10	=	
10.	$\frac{2}{4}$	of	18	=	

Tuesday

1.		=	34	–	17
2.		=	60	more than	27
3.		=	74	plus	20
4.	35	=		x	5
5.	16	=		x	2
6.		=	50	less than	67
7.	double 20	–	10	=	
8.	4	x	3	=	
9.	$\frac{1}{2}$	of	12	=	
10.	$\frac{2}{4}$	of	14	=	

Wednesday

1.		=	43	–	16
2.		=	30	more than	45
3.		=	36	plus	60
4.	20	=		x	5
5.	14	=		x	2
6.		=	40	less than	82
7.	double 9	–	10	=	
8.	4	x	3	=	
9.	$\frac{1}{2}$	of	20	=	
10.	$\frac{2}{4}$	of	40	=	

Thursday

1.		=	56	–	14
2.		=	40	more than	28
3.		=	73	plus	20
4.	15	=		x	5
5.	22	=		x	2
6.		=	50	less than	98
7.	double 12	–	10	=	
8.	5	x	3	=	
9.	$\frac{1}{2}$	of	4	=	
10.	$\frac{2}{4}$	of	6	=	

Friday

1.		=	63	–	17
2.		=	50	more than	29
3.		=	24	plus	76
4.	60	=		x	5
5.	14	=		x	2
6.		=	60	less than	91
7.	double 20	–	10	=	
8.	6	x	3	=	
9.	$\frac{1}{2}$	of	20	=	
10.	$\frac{2}{4}$	of	20	=	

Ninja challenge

Cho has 98 counters. She **takes away** 60 counters. How many counters does Cho have remaining?

GRASSHOPPER LEVEL
WEEK 14

Monday
1.	10	+	20	=	
2.	10	add	30	=	
3.	10	+	40	equals	
4.	60	–	10	=	
5.	60	minus	20	equals	
6.	60	–	30	=	
7.	6	lots of	2	=	
8.	6	groups of	5	=	
9.	double		10	equals	
10.	double		5	=	

Tuesday
1.	20	+	20	=	
2.	20	add	40	=	
3.	20	+	30	equals	
4.	50	–	10	=	
5.	50	minus	30	equals	
6.	50	–	20	=	
7.	2	lots of	2	=	
8.	2	groups of	5	=	
9.	double		2	equals	
10.	double		6	=	

Wednesday
1.	30	+	10	=	
2.	30	add	30	=	
3.	30	+	20	equals	
4.	40	–	30	=	
5.	40	minus	10	equals	
6.	40	–	20	=	
7.	3	lots of	2	=	
8.	4	groups of	5	=	
9.	double		3	equals	
10.	double		4	=	

Thursday
1.	40	+	10	=	
2.	30	add	20	=	
3.	20	+	10	equals	
4.	40	–	30	=	
5.	20	minus	10	equals	
6.	30	–	10	=	
7.	5	lots of	2	=	
8.	2	groups of	5	=	
9.	double		6	equals	
10.	double		10	=	

Friday
1.	40	+	20	=	
2.	10	add	20	=	
3.	20	+	30	equals	
4.	50	–	20	=	
5.	40	minus	20	equals	
6.	50	–	40	=	
7.	5	lots of	2	=	
8.	2	groups of	10	=	
9.	double		1	equals	
10.	double		0	=	

Ninja challenge
Iko, Sam, Cho and Tom all collect 5 sticks **each**. How many sticks have they collected **altogether**?

SHINOBI LEVEL
WEEK 14

Monday

1.	☐	+	7	=	39
2.	32	add	6	is equal to	☐
3.	32	+	5	=	☐
4.	☐	subtract	5	=	31
5.	☐	=	9	+	70
6.	19 +	60	=	29 +	☐
7.	39 +	☐	=	49 +	30
8.	7	lots of	2	is equal to	☐
9.	half of	14	is equal	to	☐
10.	half of	12	is equal	to	☐

Tuesday

1.	☐	–	7	=	41
2.	48	–	6	=	☐
3.	48	–	5	=	☐
4.	☐	+	7	=	49
5.	☐	=	60	+	1
6.	11 +	50	=	21 +	☐
7.	31 +	☐	=	41 +	20
8.	12	lots of	2	is equal to	☐
9.	half of	24	is equal	to	☐
10.	double	12	is equal	to	☐

Wednesday

1.	☐	add	3	=	26
2.	23	+	4	is equal to	☐
3.	23	+	5	=	☐
4.	☐	–	6	=	23
5.	69	=	60	+	☐
6.	50 +	19	=	40 +	☐
7.	39 +	☐	=	49 +	20
8.	double	3	is equal	to	☐
9.	double	6	is equal	to	☐
10.	quarter of	12	is equal	to	☐

Thursday

1.	☐	–	7	is equal to	32
2.	39	subtract	6	=	☐
3.	☐	–	5	=	34
4.	☐	+	6	=	39
5.	53	=	3	+	☐
6.	13 +	40	=	23 +	☐
7.	33 +	☐	=	43 +	10
8.	half of	18	is equal	to	☐
9.	half of	16	is equal	to	☐
10.	double	7	is equal	to	☐

Friday

1.	☐	+	7	=	29
2.	22	+	6	=	☐
3.	22	+	5	=	☐
4.	28	–	☐	=	24
5.	☐	=	3	+	80
6.	13 +	70	=	23 +	☐
7.	33 +	☐	=	40 +	43
8.	8	lots of	2	is equal to	☐
9.	9	x	☐	=	18
10.	half of	18	is equal	to	☐

Ninja challenge

Iko says that 4 **less than** 22 is equal to **double** 9. Is Iko correct? Explain why.

Arithmetic Ninja 6-7 © Andrew Jennings, 2022

47

GRAND MASTER LEVEL
WEEK 14

Monday

1.		=	70 − 60	+	50 − 40
2.		=	50	more than	29
3.		=	24	add	76
4.	60	=		times	5
5.	14	=		groups of	2
6.		=	60	less than	91
7.	half of 10	+	10	=	
8.	7	x	3	=	
9.	2/4	of	40	=	
10.	1/2	of	60	=	

Tuesday

1.		=	70 − 30	+	50 − 10
2.		=	43	more than	31
3.		=	54	add	43
4.	35	=		times	5
5.	16	=		groups of	2
6.		=	50	less than	67
7.	half of 20	+	10	=	
8.	8	x	3	=	
9.	2/4	of	20	=	
10.	1/2	of	30	=	

Wednesday

1.		=	30 − 20	+	30 − 10
2.		=	56	more than	42
3.		=	43	add	57
4.	15	=		times	5
5.	18	=		groups of	2
6.		=	20	less than	59
7.	half of 40	+	10	=	
8.	9	x	3	=	
9.	2/4	of	60	=	
10.	1/2	of	80	=	

Thursday

1.		=	40 − 10	+	40 − 30
2.		=	36	more than	46
3.		=	45	add	29
4.	55	=		times	5
5.	24	=		groups of	2
6.		=	50	less than	99
7.	half of 100	+	10	=	
8.	11	x	3	=	
9.	2/4	of	100	=	
10.	1/2	of	200	=	

Friday

1.		=	60 − 50	+	100 − 30
2.		=	63	more than	11
3.		=	65	add	29
4.	60	=		times	5
5.	2	=		group of	2
6.		=	60	less than	71
7.	half of 50	+	10	=	
8.	12	x	3	=	
9.	2/4	of	200	=	
10.	1/2	of	400	=	

Ninja challenge

Cho has 78 counters. She **takes away** 45 counters. How many counters does Cho have remaining?

GRASSHOPPER LEVEL

WEEK 15

Monday

1.	60		10	=	
2.	50	add	30	=	
3.	40	+	20	equals	
4.	60	−	20	=	
5.	80	minus	20	equals	
6.	70	−	40	=	
7.	5	lots of	10	=	
8.	4	groups of	10	=	
9.	double		5	equals	
10.	double		4	=	

Tuesday

1.	70	+	10	=	
2.	50	add	30	=	
3.	30	+	20	equals	
4.	80	−	20	=	
5.	70	minus	30	equals	
6.	50	−	40	=	
7.	2	lots of	10	=	
8.	6	groups of	10	=	
9.	double		6	equals	
10.	double		7	=	

Wednesday

1.	60	+	10	=	
2.	40	add	30	=	
3.	50	+	20	equals	
4.	80	−	20	=	
5.	90	minus	30	equals	
6.	80	−	40	=	
7.	3	lots of	10	=	
8.	7	groups of	10	=	
9.	double		7	equals	
10.	double		8	=	

Thursday

1.	50	+	10	=	
2.	60	add	30	=	
3.	80	+	20	equals	
4.	80	−	50	=	
5.	90	minus	40	equals	
6.	80	−	50	=	
7.	8	lots of	10	=	
8.	9	groups of	10	=	
9.	double		11	equals	
10.	double		12	=	

Friday

1.	50	+	10	=	
2.	60	add	30	=	
3.	80	+	20	equals	
4.	80	−	50	=	
5.	90	minus	40	equals	
6.	80	−	50	=	
7.	8	lots of	10	=	
8.	9	groups of	10	=	
9.	double		11	equals	
10.	double		12	=	

Ninja challenge

The children are counting their steps. Tom takes 10 steps. Iko takes 20 steps and Sam takes 30 steps. How many steps do they take **altogether**?

Arithmetic Ninja 6-7 © Andrew Jennings, 2022

WEEK 15
SHINOBI LEVEL

Monday
1. ___ + 6 = 51
2. 45 add 7 = ___
3. 45 + 8 is equal to ___
4. ___ subtract 9 = 45
5. 6 + ___ = 7 + 2
6. 1 + 3 = 2 + ___
7. 3 + ___ = 5 + 1
8. 6 x 2 = ___
9. double 12 is equal to ___
10. half of 24 is equal to ___

Tuesday
1. ___ − 3 = 29
2. 32 − 4 = ___
3. 32 subtract 5 = ___
4. 26 + ___ is equal to 32
5. 11 − ___ is equal to 8 − 3
6. 4 + 9 = 10 + ___
7. 15 + ___ = 12 + 6
8. 10 groups of 2 is equal to ___
9. half of 20 is equal to ___
10. double 10 is equal to ___

Wednesday
1. ___ add 5 = 43
2. 38 + 6 = ___
3. ___ + 7 is equal to 45
4. ___ − 8 = 38
5. 18 + 1 = 12 + ___
6. 13 − 8 = 7 − ___
7. 2 + ___ = 6 + 5
8. half of 6 is equal to ___
9. double 6 is equal to ___
10. quarter of 12 is equal to ___

Thursday
1. ___ − 5 = 39
2. 44 subtract 6 = ___
3. 44 − 7 = ___
4. ___ + 8 is equal to 44
5. 18 − ___ = 10 − 4
6. 3 + 11 = 7 + ___
7. 19 − ___ = 20 − 4
8. 11 x 2 = ___
9. half of ___ is equal to 11
10. half of 20 is equal to ___

Friday
1. ___ + 5 = 72
2. 67 + 6 = ___
3. 67 + 7 = ___
4. 75 − 8 = ___
5. 3 + 12 = 11 + ___
6. 16 − 7 = 12 − ___
7. 15 + 4 = ___ 10 + 9
8. half of 16 is equal to ___
9. half of ___ is equal to 4
10. quarter of 16 is equal to ___

Ninja challenge
Sam says that **half** of 22 is **equal** to 12.
Is Sam correct?

GRAND MASTER LEVEL
WEEK 15

Monday

1.		=	80	–	45
2.		=	76	more than	11
3.		=	76	add	13
4.	40	=		x	5
5.	24	=		groups of	2
6.		=	80	less than	91
7.	45	–	30	=	
8.	6	x	3	=	
9.	100	+	10	=	
10.	100	–	10	=	

Tuesday

1.		=	90	–	25
2.		=	54	more than	25
3.		=	45	add	49
4.	45	=		x	5
5.	16	=		groups of	2
6.		=	74	less than	78
7.	75	–	50	=	
8.	8	x	3	=	
9.	100	+	20	=	
10.	100	–	20	=	

Wednesday

1.		=	70	–	35
2.		=	37	more than	56
3.		=	67	add	24
4.	15	=		x	5
5.	12	=		groups of	2
6.		=	56	less than	82
7.	67	–	40	=	
8.	5	x	3	=	
9.	100	+	30	=	
10.	100	–	30	=	

Thursday

1.		=	60	–	25
2.		=	45	more than	54
3.		=	25	add	52
4.	40	=		x	5
5.	14	=		groups of	2
6.		=	39	less than	78
7.	96	–	50	=	
8.	8	x	3	=	
9.	100	+	40	=	
10.	100	–	40	=	

Friday

1.		=	50	–	15
2.		=	12	more than	81
3.		=	43	add	56
4.	55	=		x	5
5.	22	=		groups of	2
6.		=	98	less than	99
7.	97	–	60	=	
8.	11	x	3	=	
9.	100	+	50	=	
10.	100	–	50	=	

Ninja challenge

Tom says he **halved** a number, then **halved** it again and came to the answer of 5. What number did he start with?

Arithmetic Ninja 6-7 © Andrew Jennings, 2022

GRASSHOPPER LEVEL
WEEK 16

Monday
1.	9	+	1	=	
2.	90	add	10	=	
3.	19	+	1	equals	
4.	19	–	1	=	
5.	9	minus	1	equals	
6.	90	–	10	=	
7.	5	lots of	5	=	
8.	3	groups of	5	=	
9.	double		5	equals	
10.	half	of	4	=	

Tuesday
1.	8	+	2	=	
2.	80	add	20	=	
3.	18	+	2	equals	
4.	18	–	2	=	
5.	8	minus	2	equals	
6.	80	–	20	=	
7.	6	lots of	5	=	
8.	4	groups of	5	=	
9.	double		4	equals	
10.	half	of	10	=	

Wednesday
1.	7	+	3	=	
2.	70	add	30	=	
3.	17	+	3	equals	
4.	17	–	3	=	
5.	7	minus	3	equals	
6.	70	–	30	=	
7.	7	lots of	5	=	
8.	2	groups of	5	=	
9.	double		3	equals	
10.	half	of	12	=	

Thursday
1.	6	+	4	=	
2.	60	plus	40	=	
3.	16	+	4	equals	
4.	16	–	4	=	
5.	6	subtract	4	equals	
6.	60	–	40	=	
7.	9	lots of	5	=	
8.	1	group of	5	=	
9.	double		2	equals	
10.	half	of	4	=	

Friday
1.	5	+	5	=	
2.	50	plus	50	=	
3.	15	+	5	equals	
4.	15	–	5	=	
5.	5	subtract	5	equals	
6.	50	–	50	=	
7.	10	lots of	5	=	
8.	0	groups of	5	=	
9.	double		10	equals	
10.	half	of	2	=	

Ninja challenge

Tom takes 12 seconds to run across the playground. Sam takes **half** the time that Tom took. How long did Sam take to run across the playground?

SHINOBI LEVEL
WEEK 16

Monday

1.	☐	+	3	=	51
2.	48	add	4	=	☐
3.	48	+	5	is equal to	☐
4.	☐	subtract	6	=	48
5.	7 −	☐	=	15 −	11
6.	14 +	4	=	9 +	☐
7.	19 −	☐	=	11 −	4
8.	double	4	is equal	to	☐
9.	double	☐	is equal	to	10
10.	half of	12	is equal	to	☐

Tuesday

1.	☐	subtract	8	=	26
2.	34	−	7	is equal to	☐
3.	34	−	6	=	☐
4.	29	+	5	=	☐
5.	5 +	12	=	11 +	☐
6.	14 −	5	=	18 −	☐
7.	6 +	7	☐	9 +	4
8.	4	x	2	=	☐
9.	double	☐	is equal	to	8
10.	half of	10	is equal	to	☐

Wednesday

1.	☐	add	5	=	61
2.	56	+	6	is equal to	☐
3.	56	+	☐	=	63
4.	☐	subtract	8	=	56
5.	18 −	3	=	20 −	☐
6.	4 +	7	=	9 +	☐
7.	16 −	☐	=	12 −	3
8.	half of	24	is equal	to	☐
9.	double	☐	is equal	to	22
10.	11	x	2	=	☐

Thursday

1.	☐	subtract	9	=	53
2.	62	−	8	=	☐
3.	62	−	7	is equal to	☐
4.	56	add	☐	=	62
5.	5 +	☐	=	10 +	2
6.	18 −	7	=	13 −	☐
7.	5 +	☐	=	10 +	1
8.	9	x	2	=	☐
9.	half of	☐	is equal	to	9
10.	half of	16	is equal	to	☐

Friday

1.	☐	+	5	=	83
2.	78	+	6	=	☐
3.	☐	+	7	=	85
4.	86	−	☐	=	78
5.	18 −	6	=	15 −	☐
6.	16 +	3	=	11 +	☐
7.	19 −	☐	=	15 −	2
8.	double	2	is equal	to	☐
9.	2	x	☐	=	4
10.	3	x	2	=	☐

Ninja challenge

Cho **doubles** her counters and now has 16. How many counters did Cho have to begin with?

GRAND MASTER LEVEL
WEEK 16

Monday

1.	40	+		=	53
2.	35	+		=	57
3.	50	−		=	27
4.	35	−		=	23
5.	10	more than	45	=	
6.	10	less than	36	=	
7.	half	of		=	10
8.		x	3	=	18
9.		x	5	=	45
10.		x	2	=	16

Tuesday

1.	40	+		=	56
2.	35	+		=	59
3.	50	−		=	29
4.	35	−		=	21
5.	10	more than	34	=	
6.	10	less than	37	=	
7.	half	of		=	20
8.		x	3	=	21
9.		x	5	=	40
10.		x	2	=	14

Wednesday

1.	40	+		=	58
2.	35	+		=	52
3.	50	−		=	32
4.	35	−		=	21
5.	10	more than	25	=	
6.	10	less than	24	=	
7.	half	of		=	30
8.		x	3	=	18
9.		x	5	=	45
10.		x	2	=	16

Thursday

1.	40	+		=	53
2.	35	+		=	50
3.	50	−		=	36
4.	35	−		=	23
5.	10	more than	54	=	
6.	10	less than	17	=	
7.	half	of		=	40
8.		x	3	=	27
9.		x	5	=	55
10.		x	2	=	24

Friday

1.	40	+		=	55
2.	35	+		=	52
3.	50	−		=	31
4.	35	−		=	22
5.	10	more than	38	=	
6.	10	less than	41	=	
7.	half	of		=	50
8.		x	3	=	33
9.		x	5	=	60
10.		x	2	=	22

Ninja challenge

Sam says he **halved** a number, then **halved** it again and came to the answer of 10. What number did he start with?

GRASSHOPPER LEVEL
WEEK 17

Monday

1.	4	+	6	=	
2.	40	plus	60	=	
3.	14	+	6	equals	
4.	14	−	6	=	
5.	16	take away	6	equals	
6.	16	−	10	=	
7.	2	lots of	10	=	
8.	3	groups of	10	=	
9.	1	less than	5	=	
10.	2	more than	4	=	

Tuesday

1.	3	+	7	=	
2.	30	plus	70	=	
3.	13	+	7	equals	
4.	13	−	7	=	
5.	13	take away	6	equals	
6.	13	−	10	=	
7.	7	lots of	10	=	
8.	4	groups of	10	=	
9.	1	less than	7	=	
10.	2	more than	3	=	

Wednesday

1.	2	+	8	=	
2.	20	plus	80	=	
3.	12	+	8	equals	
4.	12	−	8	=	
5.	12	take away	4	equals	
6.	12	−	10	=	
7.	9	lots of	10	=	
8.	1	group of	10	=	
9.	1	less than	9	=	
10.	2	more than	8	=	

Thursday

1.	1	+	9	=	
2.	10	plus	90	=	
3.	11	+	9	equals	
4.	11	−	9	=	
5.	11	take away	2	equals	
6.	11	−	10	=	
7.	11	lots of	10	=	
8.	3	groups of	10	=	
9.	1	less than	10	=	
10.	2	more than	5	=	

Friday

1.	0	+	10	=	
2.	0	plus	100	=	
3.	10	+	10	equals	
4.	10	−	10	=	
5.	10	take away	0	equals	
6.	10	−	1	=	
7.	5	lots of	10	=	
8.	8	groups of	10	=	
9.	1	less than	5	=	
10.	2	more than	9	=	

Ninja challenge

Iko has 9 rubber balls. Tom says he has 3 **more** rubber balls than Iko. **How many** rubber balls does Tom have?

SHINOBI LEVEL
WEEK 17

Monday

1.	☐	+	48	=	51
2.	4	more than	48	is	☐
3.	53	is	5	more than	☐
4.	6	more than	☐	is	54
5.	5 +	☐	=	12 −	3
6.	15 −	10	=	2 +	☐
7.	5 +	☐	is equal to	15 −	1
8.	half of	12	is equal	to	☐
9.	two quarters of	☐	is equal	to	6
10.	6	x	2	=	☐

Tuesday

1.	☐	−	6	=	76
2.	82	is	7	more than	☐
3.	74	is	8	less than	☐
4.	74	+	9	=	☐
5.	4 +	☐	=	19 −	2
6.	17 −	6	=	6 +	☐
7.	9 +	☐	=	17 −	2
8.	☐	lots of	2	is equal to	20
9.	two quarters of	20	is equal	to	☐
10.	half of	10	is equal	to	☐

Wednesday

1.	☐	+	3	=	42
2.	43	is	4	more than	☐
3.	5	more than	39	is	☐
4.	☐	−	6	=	39
5.	5 +	☐	=	17 −	1
6.	18 −	9	=	6 +	☐
7.	4 +	☐	=	19 −	3
8.	half of	8	is equal	to	☐
9.	two quarters of	8	is equal	to	☐
10.	4	x	2	=	☐

Thursday

1.	☐	−	7	=	25
2.	26	add	7	=	☐
3.	7	more than	27	is	☐
4.	☐	−	7	=	28
5.	4 +	☐	=	19 −	2
6.	18 −	7	=	9 +	☐
7.	2 +	☐	=	14 −	4
8.	half of	12	is equal	to	☐
9.	two quarters of	12	is equal	to	☐
10.	6	x	2	=	☐

Friday

1.	☐	+	4	=	93
2.	93	is	5	more than	☐
3.	6	less than	93	is	☐
4.	86	+	7	=	☐
5.	15 −	9	=	1 +	☐
6.	12 +	3	=	17 −	☐
7.	3 +	☐	=	21 −	10
8.	5	lots of	2	is equal to	☐
9.	double	☐	is equal	to	10
10.	double	10	is equal	to	☐

Ninja challenge

Cho says that 5 **add** 9 is **equal** to four **less** than 12. Is Cho correct? Explain your answer.

GRAND MASTER LEVEL
WEEK 17

Monday

1.		plus	10 + 15	=	65
2.	42	+		equals	52
3.		subtract	19	=	31
4.	37	−		=	22
5.	10	more than	38	=	
6.	10	less than	41	=	
7.	half	of		=	4
8.	4	x	3	equals	
9.	7	groups of	5	=	
10.	11	x	2	=	

Tuesday

1.		plus	10 + 10	=	50
2.	51	+		equals	65
3.		subtract	17	=	23
4.	32	−		=	20
5.	10	more than	29	=	
6.	10	less than	34	=	
7.	half	of		=	6
8.	5	x	3	equals	
9.	6	groups of	5	=	
10.	7	x	2	=	

Wednesday

1.		plus	15 + 10	=	65
2.	47	+		equals	59
3.		subtract	23	=	7
4.	38	−		=	19
5.	10	more than	34	=	
6.	10	less than	19	=	
7.	half	of		=	5
8.	10	x	3	equals	
9.	3	groups of	5	=	
10.	8	x	2	=	

Thursday

1.		plus	15 + 15	=	60
2.	51	+		equals	72
3.		subtract	32	=	8
4.	42	−		=	19
5.	10	more than	54	=	
6.	10	less than	51	=	
7.	half	of		=	10
8.	3	x	3	equals	
9.	5	groups of	5	=	
10.	12	x	2	=	

Friday

1.		plus	15 + 10	=	35
2.	43	−		equals	11
3.		subtract	23	=	27
4.	39	−		=	10
5.	10	more than	38	=	
6.	10	less than	43	=	
7.	half	of		=	11
8.	4	x	3	equals	
9.	8	groups of	5	=	
10.	2	x	2	=	

Ninja challenge

Tom says he **doubled** a number, then **doubled** it again and came to the answer of 32. What number did he start with?

Arithmetic Ninja 6-7 © Andrew Jennings, 2022

GRASSHOPPER LEVEL
WEEK 18

Monday

1.	1	more than	13	=	
2.	1	more than	17	=	
3.	14	+	2	equals	
4.	14	–	2	=	
5.	10	plus	5	equals	
6.	2	x	3	=	
7.	5	lots of	6	=	
8.	10	groups of	9	=	
9.	1	less than	5	=	
10.	1	less than	4	=	

Tuesday

1.	1	more than	16	=	
2.	1	more than	12	=	
3.	15	+	2	equals	
4.	15	–	2	=	
5.	10	plus	3	equals	
6.	2	x	2	=	
7.	5	lots of	2	=	
8.	10	groups of	2	=	
9.	1	less than	2	=	
10.	1	less than	8	=	

Wednesday

1.	1	more than	13	=	
2.	1	more than	18	=	
3.	13	+	2	equals	
4.	13	–	2	=	
5.	10	plus	2	equals	
6.	2	x	3	=	
7.	5	lots of	3	=	
8.	10	groups of	3	=	
9.	1	less than	7	=	
10.	1	less than	5	=	

Thursday

1.	1	more than	12	=	
2.	1	more than	19	=	
3.	17	+	2	equals	
4.	17	–	2	=	
5.	10	plus	7	equals	
6.	2	x	4	=	
7.	5	lots of	4	=	
8.	10	groups of	4	=	
9.	1	less than	11	=	
10.	1	less than	13	=	

Friday

1.	1	more than	15	=	
2.	1	more than	9	=	
3.	12	+	2	equals	
4.	12	–	2	=	
5.	10	plus	6	equals	
6.	2	x	5	=	
7.	5	lots of	5	=	
8.	10	groups of	5	=	
9.	1	less than	14	=	
10.	1	less than	17	=	

Ninja challenge

Iko has a pile of counters. Iko **shares** them **equally** into 7 groups of 10 counters. How many counters does Iko have?

SHINOBI LEVEL
WEEK 18

Monday

1. ☐ + 5 is equal to 92
2. 93 is 6 more than ☐
3. 7 less than 94 is ☐
4. ☐ more than 87 is 95
5. 6 + ☐ = 15 − 6
6. 18 − 11 = 4 + ☐
7. 7 + ☐ = 17 − 2
8. half of 22 is equal to ☐
9. two quarters of 22 is equal to ☐
10. 11 × 2 = ☐

Tuesday

1. ☐ − 6 = 36
2. 42 is ☐ more than 36
3. 36 + ☐ = 43
4. 36 is 7 less than ☐
5. 14 − 3 = 5 + ☐
6. 7 + 1 = 16 − ☐
7. 5 + ☐ = 19 − 5
8. double 5 is equal to ☐
9. half of 10 is equal to ☐
10. two quarters of 10 is equal to ☐

Wednesday

1. ☐ + 7 = 66
2. 59 is 7 less than ☐
3. 66 − ☐ = 58
4. ☐ is 8 more than 58
5. 4 + 7 = 15 − ☐
6. 18 − 14 = 3 + ☐
7. 16 − ☐ = 3 + 6
8. 6 lots of 2 is equal to ☐
9. half of 12 is equal to ☐
10. two quarters of 12 is equal to ☐

Thursday

1. ☐ − 5 = 87
2. 87 is 5 less than ☐
3. 92 − 6 = ☐
4. 92 is ☐ more than 86
5. 19 − 7 = 5 + ☐
6. 5 + 12 = 19 − ☐
7. 17 − ☐ = 7 + 7
8. 7 lots of 2 is equal to ☐
9. half of ☐ is equal to 7
10. two quarters of 14 is equal to ☐

Friday

1. ☐ + 9 = 37
2. 28 is 9 less than ☐
3. ☐ + 9 = 36
4. 36 is 9 more than ☐
5. 5 + 13 = 19 − ☐
6. 18 − ☐ = 4 + 1
7. 17 − 4 = 10 + ☐
8. half of 24 is equal to ☐
9. two quarters of 24 is equal to ☐
10. 12 × 2 = ☐

Ninja challenge

Cho and Sam each have 15 counters. Cho **adds** 6 counters and Sam **adds** four counters. Sam and Cho now each have more than 20 counters. Is this true or false? Explain your answer.

GRAND MASTER LEVEL
WEEK 18

Monday

1.		plus	10 + 15	=	45
2.	4 + 9	+		equals	19
3.	30	subtract		=	11
4.	51	−		=	29
5.	10	more than	19	=	
6.	10	less than	19	=	
7.	half	of		=	10
8.		x	3	equals	18
9.		groups of	5	=	20
10.	10	÷	2	=	

Tuesday

1.		plus	5 + 15	=	50
2.	6 + 4	+		equals	15
3.	50	subtract		=	35
4.	34	−		=	17
5.	10	more than	23	=	
6.	10	less than	45	=	
7.	half	of		=	11
8.		x	3	equals	21
9.		groups of	5	=	30
10.	6	÷	2	=	

Wednesday

1.		plus	5 + 15	=	40
2.	8 + 5	+		equals	16
3.	40	subtract		=	21
4.	35	−		=	3
5.	10	more than	34	=	
6.	10	less than	25	=	
7.	half	of		=	20
8.		x	3	equals	21
9.		groups of	5	=	45
10.	8	÷	2	=	

Thursday

1.		plus	10 + 15	=	55
2.	8 + 7	+		equals	21
3.	30	subtract		=	9
4.	45	−		=	33
5.	10	more than	45	=	
6.	10	less than	23	=	
7.	half	of		=	5
8.		x	3	equals	24
9.		groups of	5	=	35
10.	12	÷	2	=	

Friday

1.		plus	5 + 15	=	55
2.	4 + 8	+		equals	21
3.	40	subtract		=	23
4.	37	−		=	14
5.	10	more than	32	=	
6.	10	less than	29	=	
7.	half	of		=	4
8.		x	3	equals	21
9.	12	groups of		=	60
10.	14	÷	2	=	

Ninja challenge

Sam says he **doubled** a number, then **doubled** it again and came to the answer of 92. What number did he start with?

GRASSHOPPER LEVEL

WEEK 19

Monday

1.	1	more than	13	=	
2.	2	more than	17	=	
3.	14	+	4	equals	
4.	14	−	4	=	
5.	13	plus	7	equals	
6.	2	x	6	=	
7.	5	lots of	6	=	
8.	10	groups of	6	=	
9.	1	less than	5	equals	
10.	2	less than	4	=	

Tuesday

1.	1	more than	14	=	
2.	2	more than	14	=	
3.	12	+	4	equals	
4.	12	−	4	=	
5.	12	plus	8	equals	
6.	2	x	7	=	
7.	5	lots of	7	=	
8.	10	groups of	7	=	
9.	1	less than	7	equals	
10.	2	less than	7	=	

Wednesday

1.	1	more than	15	=	
2.	2	more than	15	=	
3.	11	+	4	equals	
4.	11	−	4	=	
5.	11	plus	9	equals	
6.	2	x	8	=	
7.	5	lots of	8	=	
8.	10	groups of	8	=	
9.	1	less than	8	equals	
10.	2	less than	8	=	

Thursday

1.	1	more than	16	=	
2.	2	more than	13	=	
3.	10	+	4	equals	
4.	10	−	4	=	
5.	18	plus	2	equals	
6.	2	x	9	=	
7.	5	lots of	9	=	
8.	10	groups of	9	=	
9.	1	less than	9	equals	
10.	2	less than	9	=	

Friday

1.	1	more than	12	=	
2.	2	more than	18	=	
3.	9	+	4	equals	
4.	9	−	4	=	
5.	17	plus	3	equals	
6.	2	x	10	=	
7.	5	lots of	10	=	
8.	10	groups of	10	=	
9.	1	less than	10	equals	
10.	2	less than	10	=	

Ninja challenge

Sam has a pile of counters. Sam **shares** them **equally** into 6 groups of 5 counters. How many counters does Sam have?

Arithmetic Ninja 6-7 © Andrew Jennings, 2022

SHINOBI LEVEL
WEEK 19

Monday
1.	43	+	10	=	
2.	43	+		=	63
3.	43	add		is equal to	73
4.	2	+		=	7
5.	20	+	50	=	
6.		+	3	=	9
7.	60	+	30	=	
8.	1	lot of		is equal to	3
9.	2	lots of	3	is equal to	
10.	3	groups of	3	is equal to	

Tuesday
1.	62	+	10	is equal to	
2.	62	add		=	82
3.	62	+		=	92
4.	3	+	5	=	
5.	30	+	50	=	
6.		=	5	+	1
7.		=	50	+	10
8.	2	groups of	3	is equal to	
9.	6	is equal to	2	groups of	
10.	3	groups of	3	is equal to	

Wednesday
1.	28	+	30	=	
2.	28	add	40	is equal to	
3.	28	add		=	78
4.	7	+	2	=	
5.	70	+	20	=	
6.	2	+	3	=	
7.	50	=	20	+	
8.	3	groups of	3	is equal to	
9.	4	groups of	3	is equal to	
10.	5	lots of	3	is equal to	

Thursday
1.	54	+	20	=	
2.	54	+	30	=	
3.	54	+		=	94
4.	3	+	5	=	
5.	30	+	50	=	
6.		=	5	+	4
7.	90	=		+	40
8.	6	groups of	3	is equal to	
9.	7	lots of	3	is equal to	
10.	8	lots of	3	is equal to	

Friday
1.	23	+	40	=	
2.	23	+	50	=	
3.	23	+		=	83
4.	5	+	4	=	
5.	50	+	40	=	
6.	7	=	3	+	
7.	70	=		+	40
8.	9	is equal to	3	groups of	
9.	12	is equal to	4	lots of	
10.	5	groups of	3	is equal to	

Ninja challenge
Tom says that he can **share** 20 into 10 **equal** groups of 2. Is this true or false?

GRAND MASTER LEVEL
WEEK 19

Monday

1.		add	5 + 15	=	55
2.	5 + 4	+	9	=	
3.	13	=		−	27
4.	37	−		=	14
5.		=	10	more than	32
6.		=	10	less than	39
7.	60	=	100	subtract	
8.		x	3	equals	18
9.	11	lots of		=	55
10.	16	÷	2	=	

Tuesday

1.		add	5 + 10	=	45
2.	3 + 7	+	4	=	
3.	36	=		−	14
4.	45	−		=	31
5.		=	10	more than	45
6.		=	10	less than	34
7.	40	=	100	subtract	
8.		x	3	equals	27
9.		lots of	5	=	20
10.	18	÷	2	=	

Wednesday

1.		add	5 + 10	=	75
2.	4 + 8	+	4	=	
3.	33	=		−	27
4.	51	−		=	34
5.		=	10	more than	52
6.		=	10	less than	36
7.	90	=	100	subtract	
8.		x	3	equals	9
9.	6	lots of		=	30
10.	20	÷	2	=	

Thursday

1.		add	10 + 5	=	35
2.	6 + 2	+	8	=	
3.	13	=		−	27
4.	41	−		=	23
5.		=	10	more than	63
6.		=	10	less than	43
7.	80	=	100	subtract	
8.		x	3	equals	3
9.	9	lots of		=	45
10.	2	÷	2	=	

Friday

1.		add	5 + 15	=	50
2.	9 + 2	+	9	=	
3.	11	=		−	19
4.	56	−		=	39
5.		=	10	more than	23
6.		=	10	less than	29
7.	50	=	100	subtract	
8.		x	3	equals	33
9.	12	lots of	5	=	
10.	22	÷	2	=	

Ninja challenge

Iko **quarters** a number and gets an answer of 6. What number did she start with?

GRASSHOPPER LEVEL
WEEK 20

Monday

1.	1	more than	13	=	
2.	1	more than	14	=	
3.	10	+	3	equals	
4.	10	–	3	=	
5.	20	–	3	equals	
6.	4	x	10	=	
7.	5	lots of	5	=	
8.	1	group of	2	=	
9.	1	less than	11	equals	
10.	1	less than	12	=	

Tuesday

1.	1	more than	11	=	
2.	1	more than	13	=	
3.	10	+	4	equals	
4.	10	–	4	=	
5.	20	–	4	equals	
6.	6	x	10	=	
7.	2	lots of	5	=	
8.	3	groups of	2	=	
9.	1	less than	19	equals	
10.	1	less than	15	=	

Wednesday

1.	1	more than	15	=	
2.	1	more than	10	=	
3.	10	+	5	equals	
4.	10	–	5	=	
5.	20	–	5	equals	
6.	7	x	10	=	
7.	6	lots of	5	=	
8.	4	groups of	2	=	
9.	1	less than	20	equals	
10.	1	less than	10	=	

Thursday

1.	1	more than	12	=	
2.	1	more than	16	=	
3.	10	+	6	equals	
4.	10	–	6	=	
5.	20	–	6	equals	
6.	5	x	10	=	
7.	1	lot of	5	=	
8.	9	groups of	2	=	
9.	1	less than	15	equals	
10.	1	less than	18	=	

Friday

1.	1	more than	17	=	
2.	1	more than	11	=	
3.	10	+	7	equals	
4.	10	–	7	=	
5.	20	–	7	equals	
6.	7	x	10	=	
7.	7	lots of	5	=	
8.	7	groups of	2	=	
9.	1	less than	16	equals	
10.	1	less than	12	=	

Ninja challenge

Tom has a pile of counters. Tom **shares** them **equally** into 5 groups of 5 counters. How many counters does Tom have?

SHINOBI LEVEL
WEEK 20

Monday
1. 35 + 40 =
2. 35 + 50 =
3. 35 + ☐ = 95
4. 3 + 6 =
5. 30 + 60 =
6. 9 + ☐ = 18
7. 90 = ☐ + 20
8. 4 groups of 3 is equal to ☐
9. 5 lots of ☐ is equal to 15
10. ☐ lots of 3 is equal to 18

Tuesday
1. 27 + 50 =
2. 27 + 60 =
3. 27 + ☐ = 97
4. 2 + 4 =
5. 20 + 40 =
6. 8 = ☐ + 2
7. ☐ = 60 + 20
8. 12 is equal to 4 groups of ☐
9. 15 is equal to 5 groups of ☐
10. ☐ is equal to 6 groups of 3

Wednesday
1. 56 + 20 =
2. 56 + 30 =
3. 56 + ☐ = 96
4. 3 + ☐ = 5
5. 30 + 20 =
6. 7 = 3 + ☐
7. 70 = ☐ + 40
8. 5 lots of 3 is equal to ☐
9. 15 is equal to 5 lots of ☐
10. 18 is equal to 6 groups of ☐

Thursday
1. 45 + 30 =
2. 45 + 40 =
3. 45 + ☐ = 95
4. 3 + 2 =
5. 30 + 20 =
6. 9 = ☐ + 7
7. ☐ = 20 + 70
8. 6 groups of 3 is equal to ☐
9. 18 is equal to 6 groups of ☐
10. 21 is equal to 7 lots of ☐

Friday
1. 29 + 50 =
2. 29 + 60 =
3. 29 + ☐ = 99
4. 6 + 2 =
5. ☐ + 20 = 80
6. 7 = ☐ + 5
7. 70 = ☐ + 50
8. 8 groups of 3 is equal to ☐
9. 9 groups of 3 is equal to ☐
10. 27 is equal to 9 groups of ☐

Ninja challenge
Cho says that 3 **groups** of 7 is **greater than** 20. Explain why Cho is correct.

GRAND MASTER LEVEL
WEEK 20

Monday
1.	60	add	5 + 15	=	
2.	9 + 2	+	9	=	
3.	65	+		=	78
4.		−	17	=	39
5.	33	=	10	more than	
6.	19	=	10	less than	
7.	5	lots of	10	=	
8.		x	3	equals	9
9.	10	divided by	10	=	
10.	4	÷	2	=	

Tuesday
1.	50	add	10 + 15	=	
2.	9 + 3	+	7	=	
3.	67	+		=	88
4.		−	14	=	45
5.	66	=	10	more than	
6.	57	=	10	less than	
7.	5	lots of	7	=	
8.		x	3	equals	21
9.	20	divided by	10	=	
10.	2	÷	2	=	

Wednesday
1.	70	add	5 + 15	=	
2.	5 + 3	+	5	=	
3.	59	+		=	81
4.		+	19	=	80
5.	71	=	10	more than	
6.	66	=	10	less than	
7.	2	lots of	7	=	
8.		x	3	equals	12
9.	30	divided by	10	=	
10.	6	÷	2	=	

Thursday
1.	50	add	15 + 10	=	
2.	6 + 6	+	8	=	
3.	71	+		=	90
4.		−	29	=	49
5.	68	=	10	more than	
6.	59	=	10	less than	
7.	3	lots of	7	=	
8.		x	3	equals	27
9.	20	divided by	10	=	
10.	10	÷	2	=	

Friday
1.	60	add	5 + 5	=	
2.	6 + 4	+	8	=	
3.	75	+		=	87
4.		−	13	=	45
5.	88	=	10	more than	
6.	68	=	10	less than	
7.	5	lots of	7	=	
8.		x	3	equals	24
9.	30	divided by	10	=	
10.	8	÷	2	=	

Ninja challenge
Cho **quarters** a number and gets an answer of 12. What number did she start with?

GRASSHOPPER LEVEL

WEEK 21

Monday

1.	2	more than	17	=	
2.	2	more than	11	=	
3.	10	−	7	equals	
4.	half	of	8	=	
5.	double		5	equals	
6.	2	x	10	=	
7.	2	lots of	5	=	
8.	2	groups of	2	=	
9.	2	less than	16	equals	
10.	2	less than	12	=	

Tuesday

1.	2	more than	15	=	
2.	2	more than	13	=	
3.	10	−	5	equals	
4.	half	of	10	=	
5.	double		6	equals	
6.	3	x	10	=	
7.	3	lots of	5	=	
8.	3	groups of	2	=	
9.	2	less than	14	equals	
10.	2	less than	11	=	

Wednesday

1.	2	more than	16	=	
2.	2	more than	18	=	
3.	10	−	8	equals	
4.	half	of	12	=	
5.	double		7	equals	
6.	4	x	10	=	
7.	4	lots of	5	=	
8.	4	groups of	2	=	
9.	2	less than	13	equals	
10.	2	less than	19	=	

Thursday

1.	2	more than	14	=	
2.	2	more than	15	=	
3.	10	−	9	equals	
4.	half	of	20	=	
5.	double		8	equals	
6.	6	x	10	=	
7.	6	lots of	5	=	
8.	6	groups of	2	=	
9.	2	less than	14	equals	
10.	2	less than	20	=	

Friday

1.	2	more than	11	=	
2.	2	more than	17	=	
3.	10	−	3	equals	
4.	half	of	22	=	
5.	double		9	equals	
6.	8	x	10	=	
7.	8	lots of	5	=	
8.	8	groups of	2	=	
9.	2	less than	11	equals	
10.	2	less than	13	=	

Ninja challenge

Cho has a pile of counters. Cho **shares** them **equally** into 10 groups of 2 counters. How many counters does Cho have?

SHINOBI LEVEL
WEEK 21

Monday

1.	78	−	30	=	
2.	78	−	40	=	
3.	78	−		=	28
4.		−	2	=	7
5.		−	20	=	70
6.	5	=	8	−	
7.		=	80	−	30
8.	10	lots of	3	is equal to	
9.	30	is equal to		lots of	3
10.	33	is equal to		lots of	3

Tuesday

1.	95	−	50	=	
2.	95	−	60	=	
3.	95	−		=	25
4.		−	3	=	5
5.		−	30	=	50
6.	2	=	9	−	
7.		=	90	−	70
8.	11	lots of	3	is equal to	
9.	33	is equal to		groups of	3
10.	36	is equal to		lots of	3

Wednesday

1.	86	−	20	=	
2.	86	−	30	=	
3.	86	−		=	46
4.	9	−	3	=	
5.	90	−	30	=	
6.	6	−	4	=	
7.		−	40	=	20
8.	6	groups of	3	is equal to	
9.	7	groups of	3	is equal to	
10.	21	is equal to		lots of	3

Thursday

1.	63	−	50	=	
2.	63	−	40	=	
3.	63	−		=	33
4.	7	−	2	=	
5.	70	−	20	=	
6.	3	=		−	6
7.		=	90	−	60
8.	9	lots of	3	is equal to	
9.	27	is equal to		lots of	3
10.	30	is equal to		lots of	3

Friday

1.	92	−	70	=	
2.	92	−	80	=	
3.	92	−		=	2
4.	9	−	2	=	
5.	90	−	20	=	
6.	2	=		−	3
7.		=	50	−	30
8.	11	groups of	3	is equal to	
9.	33	is equal to		lots of	3
10.	11	x	3	=	

Ninja challenge

Tom says the fact that 9 minus 7 **equals** 2 can help him to calculate 90 minus 70. Explain how.

GRAND MASTER LEVEL

WEEK 21

Monday

1.	40	add	15 + 5	=	
2.	6 + 5	+	4	=	
3.	61	+		=	80
4.		−	10	=	66
5.	71	=	10	more than	
6.	77	=	10	less than	
7.	2	lots of	5	=	
8.		x	3	equals	18
9.	10	divided by	10	=	
10.	10	÷	2	=	

Tuesday

1.	10	add	15 + 15	=	
2.	8 + 7	+	2	=	
3.	48	+		=	69
4.		−	23	=	52
5.	62	=	10	more than	
6.	70	=	10	less than	
7.	11	lots of	5	=	
8.		x	3	equals	27
9.	30	divided by	10	=	
10.	6	÷	2	=	

Wednesday

1.	20	add	10 + 20	=	
2.	5 + 6	+	7	=	
3.	66	+		=	79
4.		−	23	=	49
5.	99	=	10	more than	
6.	68	=	10	less than	
7.		lots of	5	=	20
8.		x	3	equals	15
9.		divided by	10	=	2
10.		÷	2	=	2

Thursday

1.	30	add	5 + 20	=	
2.	9 + 2	+	5	=	
3.	59	+		=	78
4.		−	32	=	33
5.	82	=	10	more than	
6.	33	=	10	less than	
7.		lots of	5	=	30
8.		x	3	equals	12
9.		divided by	10	=	3
10.		÷	2	=	4

Friday

1.	20	add	15 + 20	=	
2.	6 + 3	+	5	=	
3.	82	+		=	93
4.		−	33	=	56
5.	95	=	10	more than	
6.	65	=	10	less than	
7.		lots of	5	=	40
8.		x	3	equals	9
9.		divided by	10	=	2
10.		÷	2	=	5

Ninja challenge

Sam says that 6 lots of 2 are **greater than** 4 **lots of** 3. Is Sam correct? Explain your answer.

Arithmetic Ninja 6-7 © Andrew Jennings, 2022

GRASSHOPPER LEVEL
WEEK 22

Monday
1.	2	more than	11	=	
2.	2	more than	17	=	
3.	10	–	3	equals	
4.	half	of	22	=	
5.	double		9	equals	
6.	8	x	10	=	
7.	8	lots of	5	=	
8.	8	groups of	2	=	
9.	2	less than	11	equals	
10.	2	less than	13	=	

Tuesday
1.	2	more than	13	=	
2.	2	more than	11	=	
3.	10	–	9	equals	
4.	half	of	4	=	
5.	double		5	equals	
6.	3	x	10	=	
7.	6	lots of	5	=	
8.	7	groups of	2	=	
9.	2	less than	19	equals	
10.	2	less than	15	=	

Wednesday
1.	2	more than	10	=	
2.	2	more than	13	=	
3.	10	–	5	equals	
4.	half	of	8	=	
5.	double		6	equals	
6.	4	x	10	=	
7.	3	lots of	5	=	
8.	4	groups of	2	=	
9.	2	less than	17	equals	
10.	2	less than	10	=	

Thursday
1.	2	more than	11	=	
2.	2	more than	14	=	
3.	10	–	7	equals	
4.	half	of	10	=	
5.	half	of	12	equals	
6.	6	x	10	=	
7.	2	lots of	5	=	
8.	5	groups of	2	=	
9.	2	less than	14	equals	
10.	2	less than	12	=	

Friday
1.	2	more than	18	=	
2.	2	more than	10	=	
3.	10	–	1	equals	
4.	half	of	12	=	
5.	double		7	equals	
6.	9	x	10	=	
7.	3	lots of	5	=	
8.	7	groups of	2	=	
9.	2	less than	20	equals	
10.	2	less than	11	=	

Ninja challenge

If Iko has 9 counters and then **doubles** the amount of counters she has, how many counters will Iko have?

SHINOBI LEVEL
WEEK 22

Monday

1.	67	−	20	=	
2.	67	−	30	=	
3.	67	−		=	27
4.	9	−		=	5
5.		−	40	=	50
6.		=	8	−	5
7.	30	=		−	50
8.	4	lots of	3	is equal to	
9.	4	x	3	=	
10.	5	x	3	=	

Tuesday

1.	85	−	40	=	
2.	85	−	50	=	
3.	85	−		=	25
4.	8	−	2	=	
5.	80	−	20	=	
6.	4	=		−	5
7.		=	90	−	50
8.	21	is equal to		lots of	3
9.	7	groups of		is equal to	21
10.		=	7	x	3

Wednesday

1.	76	−	20	=	
2.	76	−	30	=	
3.	76	−		=	36
4.	5	−		=	3
5.	50	−	20	=	
6.	7	=	9	−	
7.	70	=	90	−	
8.	8	lots of	3	is equal to	
9.	8	x	3	=	
10.	9	x	3	=	

Thursday

1.	76	−	20	=	
2.	76	−	30	=	
3.	76	−		=	36
4.	8	−		=	4
5.	80	−	40	=	
6.		=	7	−	4
7.		=	70	−	40
8.	5	lots of	3	is equal to	
9.	5	x	3	=	
10.	6	x	3	=	

Friday

1.	65	−	20	=	
2.	65	−	30	=	
3.	65	−		=	25
4.	7	−		=	1
5.	70	−	60	=	
6.		=	8	−	5
7.		=	80	−	50
8.	7	groups of	3	is equal to	
9.	7	x	3	=	
10.	8	x	3	=	

Ninja challenge

Tom says that he can **share** 20 into 5 **equal** groups of 4. Is this true or false?

Arithmetic Ninja 6-7 © Andrew Jennings, 2022

GRAND MASTER LEVEL
WEEK 22

Monday
1.	25	add	15 + 20	=	
2.	6 + 7	+	5	=	
3.	10 + 6	+	3 + 5	=	
4.		−	23	=	42
5.	96	=	11	more than	
6.	64	=	11	less than	
7.		lots of	5	=	15
8.		x	3	equals	12
9.	8	divided by	2	=	
10.	6	÷	2	=	

Tuesday
1.	15	add	10 + 20	=	
2.	3 + 7	+	7	=	
3.	5 + 4	+	4 + 5	=	
4.		−	24	=	33
5.	66	=	11	more than	
6.	56	=	11	less than	
7.		lots of	5	=	20
8.		x	3	equals	15
9.	10	divided by	2	=	
10.	2	÷	2	=	

Wednesday
1.	15	add	10 + 5	=	
2.	2 + 5	+	8	=	
3.	5 + 3	+	2 + 5	=	
4.		−	29	=	20
5.	72	=	11	more than	
6.	40	=	11	less than	
7.		lot of	5	=	5
8.		x	3	equals	3
9.	12	divided by	2	=	
10.	8	÷	2	=	

Thursday
1.	25	add	5 + 5	=	
2.	3 + 6	+	6	=	
3.	1 + 3	+	6 + 5	=	
4.		−	27	=	26
5.	51	=	11	more than	
6.	29	=	11	less than	
7.		lots of	5	=	55
8.		x	3	equals	27
9.	8	divided by	2	=	
10.	12	÷	2	=	

Friday
1.	10	add	10 + 10	=	
2.	3 + 3	+	3	=	
3.	3 + 3	+	3 + 3	=	
4.		−	19	=	29
5.	62	=	11	more than	
6.	17	=	11	less than	
7.		lots of	5	=	25
8.		x	3	equals	9
9.	4	divided by	2	=	
10.	10	÷	2	=	

Ninja challenge

Tom says that 40 **less than** 60 is equal to **double** 10. Is Tom correct? Explain your answer.

GRASSHOPPER LEVEL
WEEK 23

Monday
1.	1	more than	18	=	
2.	2	more than	11	=	
3.	10	−	4	equals	
4.	10	=	6	+	
5.	10	=	7	+	
6.	1	x	10	=	
7.	2	x	5	=	
8.	2	x	2	=	
9.	1	less than	20	equals	
10.	2	less than	13	=	

Tuesday
1.	1	more than	13	=	
2.	2	more than	14	=	
3.	10	−	7	equals	
4.	10	=	1	+	
5.	10	=	4	+	
6.	10	x	10	=	
7.	3	x	5	=	
8.	3	x	2	=	
9.	1	less than	14	equals	
10.	2	less than	18	=	

Wednesday
1.	1	more than	11	=	
2.	2	more than	18	=	
3.	10	−	2	equals	
4.	10	=	8	+	
5.	10	=	0	+	
6.	3	x	10	=	
7.	4	x	5	=	
8.	4	x	2	=	
9.	1	less than	14	equals	
10.	2	less than	13	=	

Thursday
1.	1	more than	14	=	
2.	2	more than	16	=	
3.	10	−	0	equals	
4.	10	=	3	+	
5.	10	=	10	+	
6.	5	x	10	=	
7.	6	x	5	=	
8.	6	x	2	=	
9.	1	less than	15	equals	
10.	2	less than	18	=	

Friday
1.	1	more than	15	=	
2.	2	more than	18	=	
3.	10	−	9	equals	
4.	10	=	5	+	
5.	10	=	4	+	
6.	6	x	10	=	
7.	7	x	5	=	
8.	8	x	2	=	
9.	1	less than	17	equals	
10.	2	less than	13	=	

Ninja challenge
Tom read 3 **fewer** pages of his book than Sam did. Sam read 15 pages. How many pages did Tom read?

Arithmetic Ninja 6-7 © Andrew Jennings, 2022

SHINOBI LEVEL
WEEK 23

Monday
1. 45 + 20 =
2. 45 + 30 =
3. ___ − 30 = 45
4. 4 + ___ = 9
5. 40 + 50 =
6. 8 − ___ = 4
7. 80 − 40 =
8. ___ lots of 3 = 15
9. ___ = 5 x 3
10. one third of 15 is equal to ___

Tuesday
1. 36 + 40 =
2. 36 + 50 =
3. ___ − 50 = 36
4. 2 + ___ = 5
5. 20 + 30 =
6. 9 − ___ = 7
7. 90 − 20 =
8. ___ groups of 3 is equal to 18
9. ___ = 6 x 3
10. one third of 18 is equal to ___

Wednesday
1. 57 + 20 =
2. 57 + 30 =
3. ___ − 30 = 57
4. 5 + ___ = 9
5. 50 + 40 =
6. 9 − ___ = 4
7. 90 − 50 =
8. ___ lots of 3 = 12
9. ___ = 4 x 3
10. one third of 12 is equal to ___

Thursday
1. 17 + 60 =
2. 17 + 70 =
3. ___ − 70 = 17
4. 7 + ___ = 9
5. 70 + 20 =
6. 6 − ___ = 4
7. 60 − 20 =
8. ___ lots of 3 = 9
9. 9 = ___ x 3
10. one third of 9 is equal to ___

Friday
1. 78 + 10 =
2. 78 + 20 =
3. ___ − 20 = 78
4. 3 + ___ = 8
5. 30 + 50 =
6. 7 − ___ = 5
7. 70 − 20 =
8. ___ lots of 3 = 21
9. ___ = 7 x 3
10. one third of 21 is equal to ___

Ninja challenge
Sam says that he can **share** 30 into 5 **equal** groups of 5. Is this true or false?

GRAND MASTER LEVEL
WEEK 23

Monday

1.	10	add	10 + 10	=	
2.	5 + 5	+	5 + 5	=	
3.	3 + 3	+	3 + 3 + 3	=	
4.		–	24	=	45
5.	27	=	11	more than	
6.	13	=	11	less than	
7.		lots of	3	=	12
8.		x	3	equals	15
9.	20	divided by	10	=	
10.	30	÷	10	=	

Tuesday

1.	10 + 10	add	10 + 10	=	
2.	5 + 5 + 5	+	5 + 5	=	
3.	3 + 3 + 3	+	3 + 3 + 3	=	
4.		–	36	=	14
5.	36	=	11	more than	
6.	8	=	11	less than	
7.		lots of	3	=	6
8.		x	3	equals	3
9.	10	divided by	10	=	
10.	0	÷	10	=	

Wednesday

1.	10 + 10	add	10 + 10 + 10	=	
2.	5	+	5 + 5	=	
3.	3 + 3 + 3	+	3	=	
4.		–	19	=	80
5.	44	=	11	more than	
6.	33	=	11	less than	
7.		lots of	3	=	15
8.		x	3	equals	18
9.	20	divided by	10	=	
10.	30	÷	10	=	

Thursday

1.	10 + 10	add	10	=	
2.	5 + 5	+	5 + 5	=	
3.	3 + 3 + 3	+	3 + 3 + 3	=	
4.		–	17	=	64
5.	57	=	11	more than	
6.	65	=	11	less than	
7.		lots of	3	=	21
8.		x	3	equals	24
9.	30	divided by	10	=	
10.	40	÷	10	=	

Friday

1.	10 + 10	add	10 + 10 + 10	=	
2.	5	+	5	=	
3.	3 + 3 + 3	+	3 + 3 + 3 + 3	equals	
4.		–	9	=	59
5.	32	=	11	more than	
6.	23	=	11	less than	
7.		lots of	3	=	24
8.		x	3	equals	27
9.	40	divided by	10	=	
10.	60	÷	10	=	

Ninja challenge

Tom says he **doubled** a number, then **doubled** it again and came to the answer of 28. What number did he start with?

Arithmetic Ninja 6-7 © Andrew Jennings, 2022

GRASSHOPPER LEVEL
WEEK 24

Monday

1.	2	more than	15	=	
2.	2	less than	15	=	
3.	20	–	9	equals	
4.	20	=	5	+	
5.	20	=	4	+	
6.	70	=	10	x	
7.	2	x	5	=	
8.	10	x	2	=	
9.	1	more than	17	equals	
10.	1	less than	17	=	

Tuesday

1.	2	more than	13	=	
2.	2	less than	13	=	
3.	20	–	4	equals	
4.	20	=	3	+	
5.	20	=	2	+	
6.	80	=	10	x	
7.	4	x	5	=	
8.	8	x	2	=	
9.	1	more than	14	equals	
10.	1	less than	14	=	

Wednesday

1.	2	more than	18	=	
2.	2	less than	18	=	
3.	20	–	1	equals	
4.	20	=	19	+	
5.	20	=	10	+	
6.	20	=	10	x	
7.	6	x	5	=	
8.	6	x	2	=	
9.	1	more than	15	equals	
10.	1	less than	15	=	

Thursday

1.	2	more than	12	=	
2.	2	less than	12	=	
3.	20	–	8	equals	
4.	20	=	18	+	
5.	20	=	9	+	
6.	40	=	10	x	
7.	8	x	5	=	
8.	4	x	2	=	
9.	1	more than	11	equals	
10.	1	less than	11	=	

Friday

1.	2	more than	13	=	
2.	2	less than	13	=	
3.	20	–	6	equals	
4.	20	=	15	+	
5.	20	=	20	+	
6.	60	=	10	x	
7.	10	x	5	=	
8.	2	x	2	=	
9.	1	more than	13	equals	
10.	1	less than	13	=	

Ninja challenge

Iko counts out 3 **groups** of 10 biscuits to share with the class. How many biscuits does Iko count out in **total**?

SHINOBI LEVEL
WEEK 24

Monday

1.	84	−	40	is equal to	
2.	84	subtract	50	=	
3.		+	60	=	94
4.	8	−		=	7
5.	80	−	10	is equal to	
6.	4	add		=	9
7.	40	+	50	=	
8.		groups of	3	is equal to	24
9.	8	x	3	=	
10.	one third of	24	is equal	to	

Tuesday

1.	76	−	30	is equal to	
2.	76	subtract	40	=	
3.		add	50	=	86
4.	9	−		=	6
5.	90	−	30	is equal to	
6.	2	add		=	7
7.	20	+	50	=	
8.		groups of	3	is equal to	27
9.	9	x	3	=	
10.	one third of	27	is equal	to	

Wednesday

1.	63	−	40	is equal to	
2.	63	subtract	50	=	
3.		+	60	=	73
4.	4	subtract		=	1
5.	40	−	30	is equal to	
6.	3	add		=	9
7.	30	+	60	=	
8.		groups of	3	is equal to	30
9.	10	x	3	=	
10.	one third of	30	is equal	to	

Thursday

1.	45	−	20	is equal to	
2.	45	subtract	30	=	
3.		+	40	=	55
4.	7	−		=	6
5.	70	−	10	is equal to	
6.	2	add		=	5
7.	20	+	30	=	
8.		groups of	3	is equal to	33
9.	11	x	3	=	
10.	one third of	33	is equal	to	

Friday

1.	69	−	30	is equal to	
2.	69	subtract	40	=	
3.	29	+		=	79
4.	9	−		=	2
5.	90	−	70	is equal to	
6.	3	add		=	6
7.	30	+	30	=	
8.		groups of	3	is equal to	36
9.	12	x	3	=	
10.	one third of	36	is equal	to	

Ninja challenge

Cho says that 40 **add** 10 is **equal** to 50 **minus** 10. Is Cho correct? Explain your answer.

Arithmetic Ninja 6-7 © Andrew Jennings, 2022

GRAND MASTER LEVEL
WEEK 24

Monday

1.	10 + 10	add	10	=	
2.	5 + 5	+	5	=	
3.	3 + 3	+	3 + 3 + 3 + 3	=	
4.	2 + 2 + 2	+	2 + 2	=	
5.		=	10	more than	21
6.		=	10	less than	34
7.	half	of	8	=	
8.	double		6	equals	
9.	60	divided by	10	=	
10.	70	÷	10	=	

Tuesday

1.	10 + 10 + 10	add	10	=	
2.	5 + 5	+	5 + 5 + 5	=	
3.	3 + 3	+	3 + 3 + 3	=	
4.	2 + 2 + 2	+	2	=	
5.		=	10	more than	36
6.		=	10	less than	79
7.	half	of	12	=	
8.	double		2	equals	
9.	80	divided by	10	=	
10.	90	÷	10	=	

Wednesday

1.	10	add	10	=	
2.	5 + 5 + 5	+	5 + 5 + 5	=	
3.	3 + 3 + 3	+	3 + 3 + 3	equals	
4.	2 + 2 + 2	+	2 + 2 + 2	=	
5.		=	10	more than	88
6.		=	10	less than	66
7.	half	of	20	=	
8.	double		10	equals	
9.	90	divided by	10	=	
10.	100	÷	10	=	

Thursday

1.	10 + 10	add	10 + 10	=	
2.	5	+	5 + 5 + 5	=	
3.	3 + 3 + 3	+	3 + 3 + 3	=	
4.	2 + 2 + 2 + 2	+	2 + 2 + 2	=	
5.		=	10	more than	78
6.		=	10	less than	52
7.	half	of	14	=	
8.	double		7	equals	
9.	100	divided by	10	=	
10.	40	÷	10	=	

Friday

1.	10 + 10	add	10 + 10	=	
2.	5 + 5	+	5 + 5	=	
3.	3 + 3 + 3	+	3	=	
4.	2 + 2 + 2 + 2	+	2	=	
5.		=	10	more than	67
6.		=	10	less than	37
7.	half	of	8	=	
8.	double		10	equals	
9.	50	divided by	10	=	
10.	30	÷	10	=	

Ninja challenge

Sam says he **halved** a number, then **halved** it again and came to the answer of 9. What number did he start with?

GRASSHOPPER LEVEL
WEEK 25

Monday

#					
1.	3	more than	13	=	
2.	3	less than	13	=	
3.	14	=	20	−	
4.	20	=	11	+	
5.	20	=	19	+	
6.	30	=	5	x	
7.	5	x	10	=	
8.	8	=	2	x	
9.	2	more than	13	equals	
10.	1	less than	13	=	

Tuesday

#					
1.	3	more than	17	=	
2.	3	less than	11	=	
3.	11	=	20	−	
4.	20	=	12	+	
5.	20	=	13	+	
6.	15	=	5	x	
7.	7	x	10	=	
8.	6	=	2	x	
9.	2	more than	14	equals	
10.	1	less than	14	=	

Wednesday

#					
1.	3	more than	16	=	
2.	3	less than	14	=	
3.	14	=	20	−	
4.	20	=	14	+	
5.	20	=	11	+	
6.	20	=	5	x	
7.	11	x	10	=	
8.	14	=	2	x	
9.	2	more than	15	equals	
10.	1	less than	11	=	

Thursday

#					
1.	3	more than	11	=	
2.	3	less than	12	=	
3.	15	=	20	−	
4.	20	=	9	+	
5.	20	=	17	+	
6.	35	=	5	x	
7.	12	x	10	=	
8.	10	=	2	x	
9.	2	more than	9	equals	
10.	1	less than	20	=	

Friday

#					
1.	3	more than	15	=	
2.	3	less than	16	=	
3.	8	=	20	−	
4.	20	=	4	+	
5.	20	=	8	+	
6.	10	=	5	x	
7.	3	x	10	=	
8.	16	=	2	x	
9.	2	more than	10	equals	
10.	1	less than	10	=	

Ninja challenge

Sam collects 13 leaves from the school field. Tom collects 2 **more than** Sam. Iko collects 2 **more than** Tom. How many leaves does Iko collect?

Arithmetic Ninja 6-7 © Andrew Jennings, 2022

SHINOBI LEVEL
WEEK 25

Monday

1.	46	+	40	=	
2.	96	is	50	more than	
3.	75	−		is equal to	45
4.	45	is	30	less than	
5.	60	+		=	90
6.	90	=	70	+	
7.	5	groups of	3	is equal to	
8.	one third of	15	is equal	to	
9.		x	3	=	15
10.	6	x	3	=	

Tuesday

1.	35	+	50	=	
2.	95	is	60	more than	
3.	56	−		is equal to	36
4.	36	is	20	less than	
5.	70	+		=	90
6.	50	=	30	+	
7.	6	groups of	3	is equal to	
8.	one third of	18	is equal	to	
9.		x	3	=	18
10.	7	x	3	=	

Wednesday

1.	31	+	50	=	
2.	91	is	60	more than	
3.	83	−		is equal to	33
4.	33	is	50	less than	
5.	30	+		=	60
6.	50	=	90	−	
7.	7	groups of	3	is equal to	
8.	one third of	21	is equal	to	
9.		x	3	=	21
10.	8	x	3	=	

Thursday

1.	12	+	70	=	
2.	92	is	80	more than	
3.	89	−		is equal to	69
4.	69	is	20	less than	
5.	20	+		=	60
6.	30	=	70	−	
7.	8	groups of	3	is equal to	
8.	one third of	24	is equal	to	
9.		x	3	=	24
10.	9	x	3	=	

Friday

1.	39	+	30	=	
2.	69	is	30	more than	
3.	87	−		is equal to	47
4.	47	is	30	less than	
5.	20	+		=	60
6.	80	=	70	+	
7.	11	groups of	3	is equal to	
8.	one third of	33	is equal	to	
9.		x	3	=	33
10.	12	x	3	=	

Ninja challenge

Sam says that 40 **add** 10 is **equal** to 60 **minus** 10. Is Sam correct? Explain your answer.

GRAND MASTER LEVEL
WEEK 25

Monday

#					
1.	5 + 5	add	5	=	
2.	2 + 2 + 2	+	2 + 2	=	
3.	10	+	10 + 10 + 10	=	
4.	3 + 3 + 3	+	3	=	
5.		=	1 more than	21	
6.		=	1 less than	34	
7.	double		3	=	
8.	half	of	8	equals	
9.	87	–	12	=	
10.	64	+	26	=	

Tuesday

#					
1.	5	add	5 + 5 + 5	=	
2.	2	+	2 + 2	=	
3.	10 + 10	+	10 + 10 + 10	=	
4.	3 + 3 + 3	+	3 + 3	=	
5.		=	1 more than	45	
6.		=	1 less than	54	
7.	double		5	=	
8.	half	of	12	equals	
9.	54	–	18	=	
10.	67	+	21	=	

Wednesday

#					
1.	5 + 5 + 5	add	5 + 5 + 5	=	
2.	2 + 2 + 2	+	2 + 2 + 2	=	
3.	10 + 10 + 10	+	10 + 10 + 10	=	
4.	3 + 3 + 3	+	3 + 3 + 3	=	
5.		=	1 more than	67	
6.		=	1 less than	78	
7.	double		7	=	
8.	half	of	2	equals	
9.	67	–	21	=	
10.	51	+	34	=	

Thursday

#					
1.	5 + 5 + 5	add	5	=	
2.	2 + 2 + 2	+	2 + 2	=	
3.	10 + 10 + 10	+	10	=	
4.	3 + 3 + 3	+	3	=	
5.		=	1 more than	98	
6.		=	1 less than	76	
7.	double		8	=	
8.	half	of	14	equals	
9.	43	–	22	=	
10.	45	+	29	=	

Friday

#					
1.	5	add	5	=	
2.	2	+	2 + 2	=	
3.	10 + 10	+	10	=	
4.	3 + 3	+	3	=	
5.		=	1 more than	81	
6.		=	1 less than	79	
7.	double		10	=	
8.	half	of	10	equals	
9.	43	–	38	=	
10.	22	+	18	=	

Ninja challenge

Cho **divides** 24 counters into 3 **equal groups**. How many counters are in each group?

GRASSHOPPER LEVEL
WEEK 26

Monday

1.	1	more than	15	=	
2.	1	less than	13	=	
3.	13	−	4	equals	
4.	13	+	5	=	
5.	12	+	3	=	
6.	14	−	3	=	
7.	3	x	2	=	
8.	8	lots of	2	=	
9.	1	more than	14	equals	
10.	1	less than	8	=	

Tuesday

1.	1	more than	9	=	
2.	1	less than	11	=	
3.	14	−	3	equals	
4.	17	+	2	=	
5.	12	+	5	=	
6.	15	−	4	=	
7.	1	x	2	=	
8.	4	lots of	2	=	
9.	1	more than	7	equals	
10.	1	less than	12	=	

Wednesday

1.	1	more than	14	=	
2.	1	less than	13	=	
3.	17	−	4	equals	
4.	16	+	3	=	
5.	14	+	2	=	
6.	9	−	6	=	
7.	6	x	2	=	
8.	5	lots of	2	=	
9.	1	more than	6	equals	
10.	1	less than	3	=	

Thursday

1.	1	more than	15	=	
2.	1	less than	19	=	
3.	14	−	5	equals	
4.	13	+	4	=	
5.	11	+	4	=	
6.	12	−	3	=	
7.	5	x	2	=	
8.	10	lots of	2	=	
9.	1	more than	10	equals	
10.	1	less than	9	=	

Friday

1.	1	more than	10	=	
2.	1	less than	20	=	
3.	19	−	3	equals	
4.	17	+	2	=	
5.	14	+	4	=	
6.	12	−	2	=	
7.	5	x	2	=	
8.	4	lots of	2	=	
9.	1	more than	19	equals	
10.	1	less than	20	=	

Ninja challenge

Tom collects 9 sticks from the playground. Iko collects 1 **more than** Tom. Sam collects 2 **more than** Iko. How many sticks does Sam collect?

SHINOBI LEVEL — WEEK 26

Monday
1. 45 + 3 =
2. 45 + 6 =
3. 45 − ☐ = 39
4. 56 − 20 =
5. 56 + ☐ = 76
6. 56 + 30 =
7. 6 groups of 3 is equal to
8. ☐ × 3 = 18
9. one third of 18 is equal to
10. 7 × 3 =

Tuesday
1. 39 + 8 =
2. 39 + 6 =
3. 39 − ☐ = 33
4. 75 − 40 =
5. 75 + ☐ = 95
6. 75 + 10 =
7. 7 groups of 3 is equal to
8. ☐ × 3 = 21
9. one third of ☐ is equal to 7
10. 8 × 3 =

Wednesday
1. 37 + 2 =
2. 37 + 6 =
3. 37 − ☐ = 31
4. 43 − 20 =
5. 43 + ☐ = 73
6. 43 + 40 =
7. 8 groups of 3 is equal to
8. ☐ × 3 = 24
9. one third of 24 is equal to
10. 9 × 3 =

Thursday
1. 76 + 2 =
2. 76 + 6 =
3. 76 − ☐ = 70
4. 69 − 20 =
5. 69 + ☐ = 89
6. 69 + 30 =
7. 9 groups of 3 is equal to
8. ☐ × 3 = 27
9. one third of 27 is equal to
10. 10 × 3 =

Friday
1. 25 + 4 =
2. 25 + 8 =
3. 25 − ☐ = 17
4. 83 − 10 =
5. 83 + ☐ = 93
6. 83 − 30 =
7. 10 groups of 3 is equal to
8. ☐ × 3 = 30
9. one third of 30 is equal to
10. 11 × 3 =

Ninja challenge
Tom says that 20 **add** 10 is **equal** to 30 **minus** 10. Is Tom correct? Explain your answer.

GRAND MASTER LEVEL
WEEK 26

Monday

1.	30	add		=	100
2.	45	+		=	100
3.	18	+		=	23
4.	24	subtract		=	15
5.		=	81	+	10
6.		=	79	take away	10
7.	double		20	=	
8.	half	of	20	equals	
9.	56	minus		=	18
10.	74	+		=	92

Tuesday

1.	20	add		=	100
2.	25	+		=	100
3.	19	+		=	25
4.	21	subtract		=	14
5.		=	56	+	10
6.		=	65	take away	10
7.	double		30	=	
8.	half	of	40	equals	
9.	46	minus		=	17
10.	42	+		=	81

Wednesday

1.	40	add		=	100
2.	65	+		=	100
3.	17	+		=	23
4.	22	subtract		=	18
5.		=	47	+	10
6.		=	29	take away	10
7.	double		40	=	
8.	half	of	60	equals	
9.	76	minus		=	38
10.	51	+		=	70

Thursday

1.	70	add		=	100
2.	15	+		=	100
3.	16	+		=	22
4.	21	subtract		=	17
5.		=	76	+	10
6.		=	71	take away	10
7.	double		50	=	
8.	half	of	80	equals	
9.	76	minus		=	37
10.	67	+		=	88

Friday

1.	90	add		=	100
2.	5	+		=	100
3.	19	+		=	23
4.	22	subtract		=	16
5.		=	87	+	10
6.		=	61	take away	10
7.	double		12	=	
8.	half	of	22	equals	
9.	56	minus		=	31
10.	62	+		=	83

Ninja challenge

Iko says that 10 **less than** 65 is **greater than** 50. Is she correct? Explain your answer.

GRASSHOPPER LEVEL
WEEK 27

Monday
1.	2	more than	7	=	
2.	2	less than	9	=	
3.	11	–	3	equals	
4.	8	+	3	=	
5.	9	+	2	=	
6.	12	–	4	=	
7.	1	x	2	=	
8.	3	lots of	2	=	
9.	2	more than	16	equals	
10.	2	less than	18	=	

Tuesday
1.	2	more than	6	=	
2.	2	less than	3	=	
3.	12	–	2	equals	
4.	7	+	4	=	
5.	9	+	3	=	
6.	11	–	2	=	
7.	3	x	2	=	
8.	4	lots of	2	=	
9.	2	more than	11	equals	
10.	2	less than	19	=	

Wednesday
1.	2	more than	7	=	
2.	2	less than	4	=	
3.	11	–	4	equals	
4.	8	+	4	=	
5.	9	+	4	=	
6.	11	–	1	=	
7.	4	x	2	=	
8.	6	lots of	2	=	
9.	2	more than	12	equals	
10.	2	less than	14	=	

Thursday
1.	2	more than	5	=	
2.	2	less than	6	=	
3.	12	–	5	equals	
4.	7	+	4	=	
5.	9	+	5	=	
6.	13	–	4	=	
7.	5	x	2	=	
8.	8	lots of	2	=	
9.	2	more than	18	equals	
10.	2	less than	19	=	

Friday
1.	2	more than	9	=	
2.	2	less than	2	=	
3.	11	–	4	equals	
4.	6	+	5	=	
5.	9	+	5	=	
6.	11	–	5	=	
7.	6	x	2	=	
8.	10	lots of	2	=	
9.	2	more than	17	equals	
10.	2	less than	10	=	

Ninja challenge
Tom is giving out apples. Tom gave out 18 apples yesterday. Today he gives out 2 **less**. How many apples does Tom give out today?

Arithmetic Ninja 6-7 © Andrew Jennings, 2022

SHINOBI LEVEL
WEEK 27

Monday
1. 65 − 20 =
2. 30 more than 65 is
3. ___ is 30 less than 65
4. 6 + ___ = 41
5. ___ more than 35 is equal to 42
6. 3 less than 35 is equal to ___
7. 9 lots of 3 is equal to ___
8. ___ × 3 = 30
9. one third of 33 is equal to ___
10. ___ is equal to 12 × 3

Tuesday
1. 56 − 30 =
2. 30 more than 56 is
3. ___ is 10 less than 56
4. 6 + ___ = 41
5. ___ more than 67 is equal to 74
6. 3 less than 67 is equal to ___
7. 3 lots of 3 is equal to ___
8. ___ × 3 = 12
9. one third of 15 is equal to ___
10. ___ is equal to 6 × 3

Wednesday
1. 39 − 20 =
2. 40 more than 39 is
3. ___ is 40 more than 39
4. 8 + ___ = 56
5. ___ more than 48 is equal to 55
6. 3 less than 48 is equal to ___
7. 5 lots of 3 is equal to ___
8. ___ × 3 = 18
9. one third of 27 is equal to ___
10. ___ is equal to 8 × 3

Thursday
1. 87 − 20 =
2. 30 less than 87 is
3. ___ is 40 less than 87
4. 5 + ___ = 72
5. 6 more than 67 is equal to ___
6. 3 less than 67 is equal to ___
7. 7 lots of 3 is equal to ___
8. ___ × 3 = 24
9. one third of 27 is equal to ___
10. ___ is equal to 10 × 3

Friday
1. 48 − 20 =
2. 30 more than 48 is
3. ___ is 30 less than 48
4. 9 + ___ = 76
5. ___ more than 67 is equal to 74
6. 6 less than 67 is equal to ___
7. 5 lots of 3 is equal to ___
8. ___ × 3 = 18
9. one third of 21 is equal to ___
10. ___ is equal to 8 × 3

Ninja challenge
Iko says that 20 **add** 20 is **equal** to 50 **minus** 10. Is Iko correct? Explain your answer.

GRAND MASTER LEVEL

WEEK 27

Monday

1.	30	add		=	100
2.	45	+		=	100
3.	24	+		=	33
4.	27	subtract		=	19
5.		=	65	+	10
6.		=	43	take away	10
7.	100	−		=	30
8.	100	subtract		equals	65
9.	76	minus		=	42
10.	45	+		=	81

Tuesday

1.	20	add		=	100
2.	65	+		=	100
3.	28	+		=	35
4.	26	subtract		=	17
5.		=	64	+	10
6.		=	23	take away	10
7.	100	−		=	50
8.	100	subtract		equals	85
9.	82	minus		=	65
10.	43	+		=	71

Wednesday

1.	40	add		=	100
2.	95	+		=	100
3.	34	+		=	35
4.	37	subtract		=	28
5.		=	59	+	10
6.		=	38	take away	10
7.	100	−		=	10
8.	100	subtract		equals	25
9.	84	minus		=	59
10.	49	+		=	67

Thursday

1.	50	add		=	100
2.	35	+		=	100
3.	38	+		=	45
4.	32	subtract		=	24
5.		=	78	+	10
6.		=	45	take away	10
7.	100	−		=	60
8.	100	subtract		equals	65
9.	98	minus		=	22
10.	15	+		=	60

Friday

1.	10	add		=	100
2.	45	+		=	100
3.	47	+		=	54
4.	43	subtract		=	35
5.		=	81	+	10
6.		=	63	take away	10
7.	100	−		=	30
8.	100	subtract		equals	75
9.	81	minus		=	17
10.	49	+		=	66

Ninja challenge

Tom says that 25 **less than** 90 is **greater than double** 40. Is Tom correct? Explain your answer.

GRASSHOPPER LEVEL
WEEK 28

Monday

1.	2	more than	14	=	
2.	2	less than	13	=	
3.	13	–	4	equals	
4.	15	+	3	=	
5.	14	+	5	=	
6.	13	–	3	=	
7.	10	+	10	=	
8.	5 + 5	+	5	=	
9.	2 + 2	+	2	equals	
10.	2	+	2	=	

Tuesday

1.	2	more than	11	=	
2.	2	less than	5	=	
3.	8	–	6	equals	
4.	11	+	3	=	
5.	7	+	5	=	
6.	15	–	6	=	
7.	10 + 10	+	10	=	
8.	5 + 5	+	5 + 5	=	
9.	2	+	2	equals	
10.	2	+	2 + 2	=	

Wednesday

1.	2	more than	7	=	
2.	2	less than	17	=	
3.	14	–	6	equals	
4.	7	+	3	=	
5.	9	+	5	=	
6.	12	–	6	=	
7.	10 + 10	+	10 + 10	=	
8.	5	+	5 + 5	=	
9.	2	+	2 + 2	equals	
10.	2	+	2	=	

Thursday

1.	2	more than	14	=	
2.	2	less than	19	=	
3.	19	–	4	equals	
4.	8	+	6	=	
5.	11	+	5	=	
6.	18	–	6	=	
7.	10 + 10 + 10	+	10 + 10	=	
8.	5 + 5	+	5 + 5 + 5	=	
9.	2 + 2	+	2 + 2 + 2	equals	
10.	2 + 2	+	2	=	

Friday

1.	2	more than	13	=	
2.	2	less than	2	=	
3.	20	–	6	equals	
4.	12	+	7	=	
5.	12	+	5	=	
6.	11	–	3	=	
7.	10 + 10 + 10	+	10 + 10 + 10	=	
8.	5 + 5 + 5	+	5 + 5 + 5	=	
9.	2 + 2 + 2	+	2 + 2 + 2	equals	
10.	2 + 2 + 2	+	2	=	

Ninja challenge

Today Sam, Iko and Cho have all read 5 pages of their reading books. How many pages have they read **altogether**?

SHINOBI LEVEL — WEEK 28

Monday

1.	35	+	32	=	
2.	35	add	33	=	
3.		=	35	add	34
4.	35	−	24	=	
5.	3 +	4 +	5	=	
6.	3 +	4 +		=	13
7.		=	4 +	4 +	6
8.	1	group of	5	is equal to	
9.		lots of	5	is equal to	10
10.	2	x	5	=	

Tuesday

1.	46	+	22	=	
2.	46	add	23	=	
3.		=	45	add	24
4.	87	−	32	=	
5.	3 +	3 +	3	=	
6.	3 +	3 +		=	10
7.		=	3 +	3 +	5
8.	2	groups of	5	is equal to	
9.		lots of	5	is equal to	15
10.	3	x	5	=	

Wednesday

1.	62	+	25	=	
2.	62	+	26	=	
3.		=	63	+	23
4.	89	−	45	=	
5.	2 +	5 +	8	=	
6.	2 +	6 +		=	16
7.		=	3 +	6 +	8
8.	3	groups of	5	is equal to	
9.		lots of	5	is equal to	20
10.	4	x	5	=	

Thursday

1.	67	+	21	=	
2.	67	add	22	=	
3.	89	−		=	43
4.	89	subtract	47	=	
5.	8 +	3 +	4	=	
6.	8 +	4 +		=	16
7.		=	8 +	5 +	4
8.		groups of	5	is equal to	25
9.	6	lots of	5	is equal to	
10.		x	5	=	30

Friday

1.	37	+	32	=	
2.	36	+	32	=	
3.	68	−		=	25
4.	68	−	44	=	
5.	4 +	6 +	9	=	
6.	5 +	6 +		=	20
7.		=	5 +	7 +	9
8.		lots of	5	is equal to	30
9.	30	is equal to	6	x	
10.		x	5	=	35

Ninja challenge

Cho says that 20 **add** 30 is **equal** to 70 **minus** 30. Is Cho correct? Explain your answer.

GRAND MASTER LEVEL
WEEK 28

Monday
1.	half	of	18	=	
2.	8	÷	2	=	
3.	double		9	=	
4.	3	x	5	=	
5.	5	x	2	=	
6.	7	x	10	=	
7.	213	–	2	=	
8.	143	subtract	1	=	
9.	231	add	3	=	
10.	142	+	2	=	

Tuesday
1.	half	of	22	=	
2.	12	÷	2	=	
3.	double		5	=	
4.	6	x	5	=	
5.	2	x	2	=	
6.	5	x	10	=	
7.	145	–	2	=	
8.	235	subtract	1	=	
9.	154	add	3	=	
10.	165	+	2	=	

Wednesday
1.	half	of	24	=	
2.	16	÷	2	=	
3.	double		7	=	
4.	7	x	5	=	
5.	9	x	2	=	
6.	4	x	10	=	
7.	326	–	2	=	
8.	347	subtract	1	=	
9.	164	add	3	=	
10.	137	+	2	=	

Thursday
1.	half	of	12	=	
2.	14	÷	2	=	
3.	double		9	=	
4.	9	x	5	=	
5.	8	x	2	=	
6.	10	x	10	=	
7.	256	–	2	=	
8.	366	subtract	1	=	
9.	164	add	3	=	
10.	215	+	2	=	

Friday
1.	half	of	22	=	
2.	8	÷	2	=	
3.	double		12	=	
4.	11	x	5	=	
5.	9	x	2	=	
6.	4	x	10	=	
7.	456	–	2	=	
8.	253	subtract	1	=	
9.	464	add	3	=	
10.	142	+	2	=	

Ninja challenge
Tom says that 10 **more than** 54 is **greater than** 1 **less than** 63. Is Tom correct? Explain your answer.

GRASSHOPPER LEVEL
WEEK 29

Monday

1.	1	more than	13	=	
2.	1	less than	2	=	
3.	20	subtract	8	equals	
4.	13	add	4	=	
5.	double		1	=	
6.	double		2	=	
7.	10+10+10	+	10	=	
8.	5 + 5	+	5 + 5 + 5	=	
9.	2 + 2 + 2	+	2 + 2 + 2	equals	
10.	2 + 2 + 2	+	2 + 2	=	

Tuesday

1.	1	more than	8	=	
2.	1	less than	15	=	
3.	20	subtract	12	equals	
4.	12	add	6	=	
5.	double		3	=	
6.	double		4	=	
7.	10+10+10	+	10 + 10	=	
8.	5 + 5	+	5	=	
9.	2 + 2	+	2	equals	
10.	2 + 2 + 2	+	2 + 2	=	

Wednesday

1.	1	more than	14	=	
2.	1	less than	8	=	
3.	20	subtract	7	equals	
4.	14	add	6	=	
5.	double		2	=	
6.	double		3	=	
7.	10	+	10 + 10	=	
8.	5 + 5	+	5 + 5	=	
9.	2+2+2+2	+	2	equals	
10.	2 + 2 + 2	+	2 + 2 + 2	=	

Thursday

1.	1	more than	11	=	
2.	1	less than	20	=	
3.	20	subtract	11	equals	
4.	13	add	6	=	
5.	double		1	=	
6.	double		0	=	
7.	10+10+10	+	10 + 10	=	
8.	5 + 5 + 5	+	5 + 5 + 5	=	
9.	2+2+2+2	+	2 + 2 + 2	equals	
10.	2 + 2 + 2	+	2	=	

Friday

1.	1	more than	8	=	
2.	1	less than	12	=	
3.	20	subtract	5	equals	
4.	11	add	7	=	
5.	double		4	=	
6.	double		5	=	
7.	10+10+10	+	10 + 10 + 10	=	
8.	5	+	5 + 5 + 5	=	
9.	2 + 2	+	2 + 2 + 2	equals	
10.	2	+	2	=	

Ninja challenge

If Sam, Cho, Tom and Iko all read 10 pages of their reading books, how many pages will they read in **total**?

Arithmetic Ninja 6-7 © Andrew Jennings, 2022

SHINOBI LEVEL
WEEK 29

Monday

1.	23	+	44	=	
2.	23	+	45	=	
3.	68	–		=	33
4.	68	–		=	32
5.	4 +	8 +	7	=	
6.	5 +	8 +		=	20
7.		=	5 +	9 +	7
8.	half of	6	is equal	to	
9.	6	÷	2	=	
10.		÷	2	=	4

Tuesday

1.	43	+	24	=	
2.	43	+	25	=	
3.		–	27	=	41
4.	5 +	3 +	8	=	
5.	5 +	3 +	9	=	
6.		=	6 +	3 +	9
7.	4	x	2	=	
8.	8	÷	2	=	
9.	half of		is equal	to	5
10.	10	÷	2	=	

Wednesday

1.	53	+	24	=	
2.	54	+	24	=	
3.		–	26	=	52
4.	3 +	8 +	9	=	
5.	4 +	8 +	9	=	
6.		=	4 +	9 +	9
7.	5	x	2	=	
8.	10	÷	2	=	
9.	half of		is equal	to	6
10.	12	÷	2	=	

Thursday

1.	23	+	34	=	
2.	23	+	35	=	
3.		–	36	=	23
4.	3 +	5 +	4	=	
5.	4 +	5 +		=	13
6.	14	=	4 +	5 +	
7.	6	x	2	=	
8.		÷	2	=	6
9.	half of		is equal	to	7
10.	14	÷	2	=	

Friday

1.	64	–	32	=	
2.	64	–	33	=	
3.	31	+		=	67
4.	5 +	8 +	7	=	
5.	6 +	8 +	7	=	
6.	22	=	6 +	8 +	
7.	7	x	2	=	
8.		÷	2	=	7
9.	half of		is equal	to	8
10.	16	÷	2	=	

Ninja challenge

Iko says that 7 **plus** 4 **plus** 6 is **greater than** 18. Iko is incorrect. Explain why.

GRAND MASTER LEVEL
WEEK 29

Monday

1.	half	of	☐	=	10
2.	☐	÷	2	=	7
3.	quarter	of	12	=	☐
4.	2	x	☐	=	8
5.	10	x	☐	=	80
6.	5	x	☐	=	15
7.	456	−	3	=	☐
8.	253	subtract	2	=	☐
9.	464	add	1	=	☐
10.	142	+	3	=	☐

Tuesday

1.	half	of	☐	=	9
2.	☐	÷	2	=	11
3.	quarter	of	8	=	☐
4.	2	x	☐	=	16
5.	10	x	☐	=	60
6.	5	x	☐	=	35
7.	134	−	3	=	☐
8.	125	subtract	2	=	☐
9.	164	add	1	=	☐
10.	173	+	3	=	☐

Wednesday

1.	half	of	☐	=	7
2.	☐	÷	2	=	12
3.	quarter	of	16	=	☐
4.	2	x	☐	=	24
5.	10	x	☐	=	90
6.	5	x	☐	=	40
7.	247	−	3	=	☐
8.	129	subtract	2	=	☐
9.	141	add	1	=	☐
10.	172	+	3	=	☐

Thursday

1.	half	of	☐	=	9
2.	☐	÷	2	=	7
3.	quarter	of	20	=	☐
4.	2	x	☐	=	12
5.	10	x	☐	=	80
6.	5	x	☐	=	45
7.	434	−	3	=	☐
8.	235	subtract	2	=	☐
9.	146	add	1	=	☐
10.	466	+	3	=	☐

Friday

1.	half	of	☐	=	5
2.	☐	÷	2	=	10
3.	quarter	of	24	=	☐
4.	2	x	☐	=	24
5.	10	x	☐	=	40
6.	5	x	☐	=	60
7.	543	−	3	=	☐
8.	526	subtract	2	=	☐
9.	246	add	1	=	☐
10.	174	+	3	=	☐

Ninja challenge

Tom **doubles** 8 and Sam **doubles** 3. Cho **doubles** 5 and Iko **doubles** 7. Who has the greater combined total? Tom and Sam, or Cho and Iko?

Arithmetic Ninja 6-7 © Andrew Jennings, 2022

GRASSHOPPER LEVEL
WEEK 30

Monday

1.	half	of	2	=	
2.	half	of	4	=	
3.	17	subtract	6	equals	
4.	11	add	4	=	
5.	double		2	=	
6.	double		3	=	
7.	4	+	4	=	
8.	3	+	3	=	
9.	5 + 5	+	5 + 5 + 5	equals	
10.	2	+	2 + 2	=	

Tuesday

1.	half	of	4	=	
2.	half	of	6	=	
3.	15	subtract	7	equals	
4.	9	add	5	=	
5.	double		1	=	
6.	double		4	=	
7.	5	+	5	=	
8.	6	+	6	=	
9.	5 + 5 + 5	+	5 + 5 + 5	equals	
10.	2 + 2 + 2	+	2 + 2	=	

Wednesday

1.	half	of	6	=	
2.	half	of	8	=	
3.	13	subtract	4	equals	
4.	11	add	6	=	
5.	double		3	=	
6.	double		5	=	
7.	7	+	7	=	
8.	8	+	8	=	
9.	5 + 5 + 5 + 5	+	5 + 5 + 5	equals	
10.	2 + 2 + 2	+	2 + 2 + 2	=	

Thursday

1.	half	of	8	=	
2.	half	of	10	=	
3.	14	subtract	5	equals	
4.	9	add	4	=	
5.	double		6	=	
6.	double		7	=	
7.	9	+	9	=	
8.	11	+	11	=	
9.	5	+	5 + 5 + 5	equals	
10.	2	+	2 + 2 + 2	=	

Friday

1.	half	of	10	=	
2.	half	of	12	=	
3.	13	subtract	6	equals	
4.	1	add	11	=	
5.	double		8	=	
6.	double		9	=	
7.	10	+	10	=	
8.	12	+	12	=	
9.	5 + 5	+	5 + 5 + 5	equals	
10.	2 + 2 + 2	+	2 + 2 + 2	=	

Ninja challenge

Sam has 2 counters. Iko has **double** the counters of Sam. Tom has **double** the counters of Iko. How many counters does Tom have?

SHINOBI LEVEL

WEEK 30

Monday

1.	56	+	35	=	
2.	56	add	37	=	
3.	93	subtract	38	=	
4.	6 +	3 +	6	=	
5.	6 +	4 +	6	=	
6.		=	6 +	4 +	7
7.	4	lots of	5	is equal to	
8.	20	÷	5	=	
9.		groups of	5	is equal to	10
10.	10	÷	5	=	

Tuesday

1.	35	+	59	=	
2.	35	add	58	=	
3.	93	subtract	34	=	
4.	2 +	3 +	5	=	
5.	2 +	4 +	5	=	
6.		=	5 +	4 +	3
7.	6	lots of	5	is equal to	
8.	30	÷	5	=	
9.		groups of	5	is equal to	20
10.	20	÷	5	=	

Wednesday

1.	23	+	48	is equal to	
2.	23	add	49	=	
3.	72	subtract	47	=	
4.	9 +	5 +	3	is equal to	
5.	9 +	6 +		=	18
6.		=	9 +	7 +	3
7.	6	lots of	5	is equal to	
8.	30	÷	5	=	
9.		groups of	5	is equal to	20
10.	20	÷	5	=	

Thursday

1.	36	+	19	=	
2.	36	+	18	=	
3.	53	–	18	=	
4.	7 +	9 +	5	=	
5.	7 +	9 +		=	20
6.		=	6 +	9 +	4
7.	5	lots of	5	is equal to	
8.	25	÷	5	=	
9.		groups of	5	is equal to	35
10.	35	÷	5	=	

Friday

1.	23	+	49	=	
2.	24	+	49	=	
3.	73	subtract	48	=	
4.	3 +	9 +	8	=	
5.	4 +	9 +		=	21
6.		=	4 +	9 +	9
7.	8	lots of	5	is equal to	
8.	40	÷	5	=	
9.		groups of	5	is equal to	45
10.	45	÷	5	=	

Ninja challenge

Tom creates 8 **groups** of 5 counters. Tom says his **total** is **equal** to **double** 20. Is Tom correct? Explain your answer.

Arithmetic Ninja 6-7 © Andrew Jennings, 2022

GRAND MASTER LEVEL

WEEK 30

Monday

1.	5	=	half	of	
2.		=	10	÷	2
3.	quarter	of	28	=	
4.	2	x		=	10
5.	10	less than	183	=	
6.	10	more than	167	=	
7.	437	–	3	=	
8.	138	subtract	2	=	
9.	162	add	1	=	
10.	193	+	3	=	

Tuesday

1.	7	=	half	of	
2.		=	18	÷	2
3.	quarter	of	32	=	
4.	5	x		=	45
5.	10	less than	243	=	
6.	10	more than	183	=	
7.	456	–	3	=	
8.	374	subtract	2	=	
9.	243	add	1	=	
10.	131	+	3	=	

Wednesday

1.	6	=	half	of	
2.		=	22	÷	2
3.	quarter	of	36	=	
4.	5	x		=	35
5.	10	less than	145	=	
6.	10	more than	276	=	
7.	475	–	3	=	
8.	183	subtract	2	=	
9.	583	add	1	=	
10.	354	+	3	=	

Thursday

1.	12	=	half	of	
2.		=	12	÷	2
3.	quarter	of	40	=	
4.	2	x		=	18
5.	10	less than	341	=	
6.	10	more than	560	=	
7.	413	–	3	=	
8.	253	subtract	2	=	
9.	121	add	1	=	
10.	321	+	3	=	

Friday

1.	8	=	half	of	
2.		=	8	÷	2
3.	quarter	of	44	=	
4.	5	x		=	30
5.	10	less than	541	=	
6.	10	more than	153	=	
7.	638	–	3	=	
8.	425	subtract	2	=	
9.	164	add	1	=	
10.	266	+	3	=	

Ninja challenge

Iko **halves** 20 and Cho **halves** 10. Sam **halves** 6 and Tom **halves** 8. Who has a combined total that is closer to 10? Iko and Cho, or Sam and Tom?

Arithmetic Ninja 6-7 © Andrew Jennings, 2022

GRASSHOPPER LEVEL

WEEK 31

Monday

1.	half	of	12	=	
2.	half	of	14	=	
3.	13	subtract	4	equals	
4.	5	add	11	=	
5.	double		9	=	
6.	double		6	=	
7.	6	+	6	=	
8.	3	+	3	=	
9.	5 + 2	plus	2	equals	
10.	2 + 5	+	2 + 5	=	

Tuesday

1.	half	of	14	=	
2.	half	of	16	=	
3.	14	subtract	5	equals	
4.	14	add	3	=	
5.	double		7	=	
6.	double		5	=	
7.	4	+	4	=	
8.	7	+	7	=	
9.	2 + 2	plus	5 + 5	equals	
10.	2 + 5 + 5	+	2	=	

Wednesday

1.	half	of	16	=	
2.	half	of	18	=	
3.	16	subtract	7	equals	
4.	9	add	7	=	
5.	double		4	=	
6.	double		8	=	
7.	6	+	6	=	
8.	11	+	11	=	
9.	5 + 5 + 2	plus	5	equals	
10.	5 + 5 + 5	+	2	=	

Thursday

1.	half	of	18	=	
2.	half	of	20	=	
3.	14	subtract	7	equals	
4.	9	add	4	=	
5.	double		5	=	
6.	double		12	=	
7.	8	+	8	=	
8.	9	+	9	=	
9.	2 + 2 + 2	plus	5	equals	
10.	5 + 2 + 5	+	2 + 5	=	

Friday

1.	half	of	22	=	
2.	half	of	24	=	
3.	15	subtract	4	equals	
4.	8	add	6	=	
5.	double		7	=	
6.	double		4	=	
7.	8	+	8	=	
8.	11	+	11	=	
9.	2 + 2 + 2	plus	5 + 5	equals	
10.	5 + 2	+	2 + 5 + 2	=	

Ninja challenge

Iko has 12 counters. Tom has **half** the counters of Iko. Cho has **half** the counters of Tom. How many counters does Cho have?

SHINOBI LEVEL
WEEK 31

Monday

1.	45	+	46	=	
2.	46	+	46	=	
3.	93	–	46	=	
4.	7 +	4 +	8	=	
5.	6 +	4 +	8	=	
6.	17	=	5 +	3 +	
7.	10	lots of	5	is equal to	
8.	50	÷	5	=	
9.		groups of	5	is equal to	55
10.	55	÷	5	=	

Tuesday

1.	18	+	19	=	
2.	17	+	19	=	
3.	35	–	18	=	
4.	5 +	6 +	7	=	
5.		is equal to	6 +	7 +	5
6.	17	=	5 +	7 +	
7.	12	lots of	5	is equal to	
8.	60	÷	5	=	
9.		groups of	2	is equal to	24
10.	24	÷	2	=	

Wednesday

1.	63	+	18	=	
2.	64	+	18	=	
3.	83	–	18	=	
4.	6 +	6 +	9	=	
5.	6 +	7 +		=	22
6.		=	9 +	7 +	7
7.	11	lots of	2	is equal to	
8.	22	÷	2	=	
9.		groups of	2	is equal to	20
10.	20	÷	2	=	

Thursday

1.	78	+	14	=	
2.	78	add	16	=	
3.	94	–	25	is equal to	
4.	94	subtract		=	59
5.	5 +	3 +	8	=	
6.	5 +	4 +		=	17
7.	9	lots of	2	is equal to	
8.	18	÷	2	=	
9.		groups of	2	is equal to	16
10.	16	÷	2	=	

Friday

1.	27	+	34	=	
2.	27	+	35	=	
3.	62	–	45	=	
4.	62	subtract		=	7
5.	8 +	9 +	4	=	
6.	8 +	9 +		=	22
7.	7	lots of	2	is equal to	
8.	14	÷	2	=	
9.		groups of	2	is equal to	12
10.	12	÷	2	=	

Ninja challenge

Sam creates 6 **groups** of 5 counters. Sam says his **total** is **equal** to **double** 10. Is Sam correct? Explain your answer.

GRAND MASTER LEVEL

WEEK 31

Monday

1.	2	x	3	=	
2.	2	x	4	=	
3.	third	of	3	=	
4.	30	+		=	70
5.	double		20	=	
6.	half	of	20	=	
7.	546	+	3	=	
8.	153	−	2	=	
9.	10	less than	143	=	
10.	10	more than	167	=	

Tuesday

1.	4	x	3	=	
2.	4	x	4	=	
3.	third	of	9	=	
4.	60	+		=	90
5.	double		40	=	
6.	half	of	40	=	
7.	153	+	3	=	
8.	116	−	2	=	
9.	10	less than	452	=	
10.	10	more than	189	=	

Wednesday

1.	5	x	3	=	
2.	5	x	4	=	
3.	third	of	6	=	
4.	20	+		=	90
5.	double		50	=	
6.	half	of	50	=	
7.	432	+	3	=	
8.	345	−	2	=	
9.	10	less than	147	=	
10.	10	more than	162	=	

Thursday

1.	6	x	3	=	
2.	6	x	4	=	
3.	third	of	12	=	
4.	60	+		=	80
5.	double		60	=	
6.	half	of	60	=	
7.	143	+	3	=	
8.	164	−	2	=	
9.	10	less than	432	=	
10.	10	more than	166	=	

Friday

1.	7	x	3	=	
2.	7	x	4	=	
3.	third	of	15	=	
4.	30	+		=	80
5.	double		80	=	
6.	half	of	80	=	
7.	165	+	3	=	
8.	179	−	2	=	
9.	10	less than	444	=	
10.	10	more than	669	=	

Ninja challenge

Cho says a **third** of 12 is **greater** than a **quarter** of 16. Is she correct? Explain your answer.

Arithmetic Ninja 6-7 © Andrew Jennings, 2022

GRASSHOPPER LEVEL
WEEK 32

Monday

1.	half	of	4	=	
2.	double		12	=	
3.	13	minus	6	equals	
4.	9	plus	4	=	
5.	half	of	8	=	
6.	double		6	=	
7.	7	+	7	=	
8.	18	–	9	=	
9.	2 + 10	add	5	equals	
10.	10	+	2 + 2	=	

Tuesday

1.	half	of	8	=	
2.	double		7	=	
3.	15	minus	7	equals	
4.	7	plus	5	=	
5.	half	of	12	=	
6.	double		7	=	
7.	8	+	8	=	
8.	14	–	7	=	
9.	2 + 5	add	10	equals	
10.	5	+	5 + 2	=	

Wednesday

1.	half	of	10	=	
2.	double		9	=	
3.	14	minus	8	equals	
4.	8	plus	6	=	
5.	half	of	14	=	
6.	double		6	=	
7.	5	+	5	=	
8.	16	–	8	=	
9.	2 + 5 + 10	add	2	equals	
10.	5 + 2 + 2	+	5 + 2	=	

Thursday

1.	half	of	14	=	
2.	double		3	=	
3.	19	minus	6	equals	
4.	11	plus	4	=	
5.	half	of	12	=	
6.	double		7	=	
7.	9	+	9	=	
8.	12	–	6	=	
9.	10 + 10	add	5 + 5	equals	
10.	2 + 2 + 2	+	10	=	

Friday

1.	half	of	10	=	
2.	double		10	=	
3.	20	minus	7	equals	
4.	14	plus	6	=	
5.	half	of	14	=	
6.	double		8	=	
7.	3	+	3	=	
8.	10	–	5	=	
9.	2 + 10	add	5	equals	
10.	2	+	10 + 2	=	

Ninja challenge

Cho collects 3 cones. Iko collects 5 cones. Sam collects 1 cone. Tom collects 2 cones. How many cones do they collect **altogether**?

SHINOBI LEVEL — WEEK 32

Monday

#					
1.	56	+	25	=	
2.	81	−	55	=	
3.	34	+	47	=	
4.		=	35	+	46
5.	4 +	9 +	3	=	
6.	3 +	8 +		=	15
7.	2	groups of	2	is equal to	
8.	4	÷	2	=	
9.	3	lots of	2	is equal to	
10.	6	÷	2	=	

Tuesday

#					
1.	34	+	29	=	
2.	63	−	35	=	
3.	54	+	37	=	
4.		=	55	+	36
5.	3 +	9 +	7	=	
6.	3 +	9 +		=	18
7.	4	groups of	2	is equal to	
8.	8	÷	2	=	
9.	5	lots of	2	is equal to	
10.	10	÷	2	=	

Wednesday

#					
1.	35	+	47	=	
2.	37	+	47	=	
3.	84	−	36	=	
4.		=	85	−	37
5.	6 +	9 +	2	=	
6.	6 +	8 +		=	16
7.	6	groups of	2	is equal to	
8.	12	÷	2	=	
9.	7	lots of	2	is equal to	
10.	14	÷	2	=	

Thursday

#					
1.	56	+	17	=	
2.	56	+	18	=	
3.	74	=	55	+	
4.		−	55	=	19
5.	8 +	9 +	7	=	
6.	8 +	9 +		=	23
7.	8	groups of	2	is equal to	
8.	16	÷	2	=	
9.	9	lots of	2	is equal to	
10.	18	÷	2	=	

Friday

#					
1.	18	+	59	=	
2.	19	+	59	=	
3.	78	−	49	=	
4.		+	29	=	78
5.	7 +	9 +	5	=	
6.	7 +	9 +		=	20
7.	10	groups of	2	is equal to	
8.	20	÷	2	=	
9.	11	lots of	2	is equal to	
10.	22	÷	2	=	

Ninja challenge

Iko creates 7 **groups** of 5 counters. Iko says his **total** is **equal** to 5 **more than** 20. Is Iko correct? Explain your answer.

GRAND MASTER LEVEL
WEEK 32

Monday

1.	8	x	3	=	
2.	8	x	4	=	
3.	third	of	18	=	
4.	60	+		=	130
5.	double			=	40
6.	half	of		=	20
7.	165	+		=	168
8.	179	–		=	177
9.	10	less than		=	434
10.	10	more than		=	679

Tuesday

1.	9	x	3	=	
2.	9	x	4	=	
3.	third	of	21	=	
4.	50	+		=	120
5.	double			=	80
6.	half	of		=	10
7.	143	+		=	147
8.	132	–		=	130
9.	10	less than		=	122
10.	10	more than		=	164

Wednesday

1.	10	x	3	=	
2.	10	x	4	=	
3.	third	of	24	=	
4.	80	+		=	120
5.	double			=	120
6.	half	of		=	40
7.	156	+		=	159
8.	124	–		=	122
9.	10	less than		=	184
10.	10	more than		=	194

Thursday

1.	11	x	3	=	
2.	11	x	4	=	
3.	third	of	27	=	
4.	70	+		=	130
5.	double			=	20
6.	half	of		=	50
7.	183	+		=	186
8.	193	–		=	191
9.	10	less than		=	155
10.	10	more than		=	161

Friday

1.	12	x	3	=	
2.	12	x	4	=	
3.	third	of	30	=	
4.	80	+		=	160
5.	double			=	40
6.	half	of		=	25
7.	176	+		=	179
8.	126	–		=	124
9.	10	less than		=	226
10.	10	more than		=	119

Ninja challenge

Sam says that 10 **less than** 46 is **equal** to 1 **more than** 35. Is Sam correct? Explain your answer.

GRASSHOPPER LEVEL
WEEK 33

Monday
1.	20	–	4	=	
2.	20	–	12	=	
3.	20	minus	15	equals	
4.	10	plus	6	=	
5.	half	of	6	=	
6.	double		9	=	
7.	2	more than	12	=	
8.	2	less than	5	=	
9.	2 + 10	add	5 + 2	equals	
10.	2 + 2	+	10 + 2	=	

Tuesday
1.	20	–	6	=	
2.	20	–	17	=	
3.	20	minus	11	equals	
4.	10	plus	4	=	
5.	half	of	10	=	
6.	double		7	=	
7.	2	more than	17	=	
8.	2	less than	19	=	
9.	2 + 2 + 2	add	10 + 2	equals	
10.	2 + 2 + 5	+	5 + 2	=	

Wednesday
1.	20	–	7	=	
2.	20	–	13	=	
3.	20	minus	8	equals	
4.	10	plus	9	=	
5.	half	of	20	=	
6.	double		9	=	
7.	2	more than	13	=	
8.	2	less than	16	=	
9.	2 + 5 + 2	add	5 + 2	equals	
10.	2 + 10 + 5	+	2	=	

Thursday
1.	20	–	8	=	
2.	20	–	14	=	
3.	20	minus	18	equals	
4.	10	plus	1	=	
5.	half	of	18	=	
6.	double		4	=	
7.	2	more than	15	=	
8.	2	less than	11	=	
9.	10	add	5 + 2	equals	
10.	2 + 10	+	10	=	

Friday
1.	20	–	11	=	
2.	20	–	19	=	
3.	20	minus	7	equals	
4.	10	plus	10	=	
5.	half	of	22	=	
6.	double		11	=	
7.	2	more than	18	=	
8.	2	less than	20	=	
9.	10 + 2	add	5 + 2	equals	
10.	2 + 2	+	10 + 5	=	

Ninja challenge
Cho collects 1 cone. Iko collects 2 cones. Sam collects 2 cones. Tom collects 3 cones. How many cones do they collect **altogether**?

SHINOBI LEVEL
WEEK 33

Monday

1.	54	+		=	91	
2.	54	+		=	93	
3.		+	39	=	97	
4.	98	=		+	39	
5.	40 +		=	30 +	15	
6.	70 +		=	80 +	2	
7.	1	group of	10	is equal to		
8.	2	lots of	10	is equal to		
9.		is equal to	2	lots of	10	
10.		is equal to	3	lots of	10	

Tuesday

1.	47	+		=	73	
2.	47	+		=	76	
3.		+	29	=	72	
4.	71	=		+	28	
5.	60 +		=	80 +	7	
6.	20 +	15	=	30 +		
7.	2	groups of	10	is equal to		
8.	3	lots of	10	is equal to		
9.		is equal to	3	lots of	10	
10.		is equal to	4	lots of	10	

Wednesday

1.	34	+		=	73	
2.	34	+		=	72	
3.		+	36	=	70	
4.	70	=		+	34	
5.	70 +		=	50 +	22	
6.	30 +	36	=	60 +		
7.	3	groups of	10	is equal to		
8.	4	lots of	10	is equal to		
9.		is equal to	4	lots of	10	
10.		is equal to	5	lots of	10	

Thursday

1.	55	+		=	82	
2.	57	add		is equal to	84	
3.		+	28	=	86	
4.	85	=		+	26	
5.	50 +		=	60 +	8	
6.	40 +	7	=	20 +		
7.	4	groups of	10	is equal to		
8.	5	lots of	10	is equal to		
9.		is equal to	5	lots of	10	
10.		is equal to	6	lots of	10	

Friday

1.	35	+		=	63	
2.	35	+		=	61	
3.		+	26	=	64	
4.	65	is equal to		+	27	
5.	20 +		=	50 +	6	
6.	60 +	9	=	30 +		
7.	5	groups of	10	is equal to		
8.	6	lots of	10	is equal to		
9.		is equal to	6	lots of	10	
10.		is equal to	7	lots of	10	

Ninja challenge

Tom has 56 counters. He **adds** 36 **more** counters. How many counters does Tom have **altogether**?

GRAND MASTER LEVEL

WEEK 33

Monday

1.	6	x	3	=	
2.	3	x	4	=	
3.	third	of	18	=	
4.	90	+		=	160
5.	double		13	=	
6.	half	of	30	=	
7.	205	+		=	208
8.	215	−		=	213
9.	10	less than		=	209
10.	10	more than		=	114

Tuesday

1.	5	x	3	=	
2.	7	x	4	=	
3.	third	of	3	=	
4.	30	+		=	120
5.	double		14	=	
6.	half	of	50	=	
7.	212	+		=	215
8.	219	−		=	217
9.	10	less than		=	301
10.	10	more than		=	111

Wednesday

1.	7	x	3	=	
2.	3	x	4	=	
3.	third	of	9	=	
4.	50	+		=	130
5.	double		15	=	
6.	half	of	70	=	
7.	121	+		=	124
8.	233	−		=	231
9.	10	less than		=	202
10.	10	more than		=	219

Thursday

1.	5	x	3	=	
2.	6	x	4	=	
3.	third	of	15	=	
4.	50	+		=	130
5.	double		16	=	
6.	half	of	90	=	
7.	321	+		=	324
8.	123	−		=	121
9.	10	less than		=	181
10.	10	more than		=	211

Friday

1.	9	x	3	=	
2.	8	x	4	=	
3.	third	of	24	=	
4.	90	+		=	180
5.	double		17	=	
6.	half	of	100	=	
7.	301	+		=	304
8.	304	−		=	302
9.	10	less than		=	212
10.	10	more than		=	232

Ninja challenge

Sam **halves** 80, Iko **halves** 60 and Tom **halves** 40. Cho says that the sum of all of their halves is **greater than** 100. Is Cho correct? Explain your answer.

GRASSHOPPER LEVEL
WEEK 34

Monday

1.	6	+		=	10
2.	3	add		=	10
3.	11	+		=	20
4.	15	plus		=	20
5.	half	of		=	4
6.	double			=	22
7.	2	more than		=	20
8.	2	less than		=	18
9.	2 + 2	add	5 + 5	equals	
10.	2 + 10	+	5	=	

Tuesday

1.	7	+		=	10
2.	1	add		=	10
3.	7	+		=	20
4.	14	plus		=	20
5.	half	of		=	5
6.	double			=	8
7.	2	more than		=	16
8.	2	less than		=	8
9.	2 + 2 + 2 + 2	add	5 + 5	equals	
10.	2 + 10	+	5 + 2	=	

Wednesday

1.	5	+		=	10
2.	3	add		=	10
3.	11	+		=	20
4.	10	plus		=	20
5.	half	of		=	3
6.	double			=	22
7.	2	more than		=	18
8.	2	less than		=	6
9.	2 + 2	add	5 + 5	equals	
10.	2 + 10	+	2 + 2	=	

Thursday

1.	10	+		=	10
2.	2	add		=	10
3.	15	+		=	20
4.	19	plus		=	20
5.	half	of		=	6
6.	double			=	14
7.	2	more than		=	9
8.	2	less than		=	7
9.	2	add	5 + 5	equals	
10.	2 + 5	+	2 + 2	=	

Friday

1.	8	+		=	10
2.	3	add		=	10
3.	12	+		=	20
4.	7	plus		=	20
5.	half	of		=	9
6.	double			=	10
7.	2	more than		=	13
8.	2	less than		=	17
9.	2	add	5 + 5 + 5	equals	
10.	10	+	2 + 2	=	

Ninja challenge

Tom collects 13 pieces of litter. Sam collects 7 pieces of litter. How many pieces of litter do they collect in **total**?

SHINOBI LEVEL
WEEK 34

Monday

1.	56	+		=	83
2.	56	+		=	85
3.		+	28	=	86
4.	88	=		+	29
5.	50 +		=	40 +	15
6.	30 +		=	50 +	7
7.	6	groups of	10	is equal to	
8.	7	lots of	10	is equal to	
9.		is equal to	7	lots of	10
10.		is equal to	8	lots of	10

Tuesday

1.	25	+		=	62
2.	25	+		=	64
3.		+	39	=	66
4.	68	=		+	29
5.	30 +		=	70 +	8
6.	50 +		=	30 +	27
7.	7	groups of	10	is equal to	
8.	8	lots of	10	is equal to	
9.		is equal to	8	lots of	10
10.		is equal to	9	lots of	10

Wednesday

1.	46	+		=	83
2.	46	+		=	85
3.		+	39	=	87
4.	86	=		+	38
5.	60 +		=	80 +	7
6.	70 +		=	20 +	53
7.	8	groups of	10	is equal to	
8.	9	lots of	10	is equal to	
9.		is equal to	8	lots of	10
10.		is equal to	9	lots of	10

Thursday

1.	36	+		=	65
2.	38	add		=	66
3.		+	28	is equal to	67
4.	68	=		+	39
5.	50 +		=	20 +	34
6.	70 +		=	90 +	2
7.	9	groups of	10	is equal to	
8.	10	lots of	10	is equal to	
9.		is equal to	10	lots of	10
10.		is equal to	11	lots of	10

Friday

1.	67	+		=	92
2.	68	+		=	94
3.		add	26	=	95
4.	97	=		+	28
5.	30 +		=	60 +	5
6.	70 +		=	30 +	48
7.	10	groups of	10	is equal to	
8.	11	lots of	10	is equal to	
9.		is equal to	11	lots of	10
10.		is equal to	12	lots of	10

Ninja challenge

Iko has 47 counters. She **adds** 10 **more** counters. She then **adds** 10 **more** counters. How many counters does Iko have in **total**?

GRAND MASTER LEVEL
WEEK 34

Monday

1.		+	26	=	71
2.	76	+		=	120
3.		=	third	of	24
4.	100 + 40	+		=	146
5.	100 +		=	90 +	40
6.		lots of	4	=	24
7.		+	3	=	315
8.		−	4	=	180
9.	353	add		=	383
10.	274	minus		=	254

Tuesday

1.		+	35	=	72
2.	83	+		=	110
3.		=	third	of	18
4.	100 + 30	+		=	139
5.	90 +		=	80 +	60
6.		lots of	4	=	32
7.		+	3	=	355
8.		−	4	=	215
9.	263	add		=	283
10.	381	minus		=	351

Wednesday

1.		+	29	=	76
2.	93	+		=	127
3.		=	third	of	30
4.	100 + 70	+		=	176
5.	50 +		=	90 +	20
6.		lots of	4	=	44
7.		+	3	=	186
8.		−	4	=	241
9.	371	add		=	391
10.	472	minus		=	442

Thursday

1.		+	33	=	90
2.	89	+		=	126
3.		=	third	of	27
4.	100 + 90	+		=	191
5.	70 +		=	90 +	20
6.		lots of	4	=	12
7.		+	3	=	206
8.		−	4	=	215
9.	365	add		=	385
10.	183	minus		=	153

Friday

1.		+	19	=	86
2.	92	+		=	121
3.		=	third	of	9
4.	100 + 50	+		=	153
5.	30 +		=	60 +	60
6.		lots of	4	=	20
7.		+	3	=	345
8.		−	4	=	275
9.	104	add		=	144
10.	183	minus		=	143

Ninja challenge

Sam has 4 **groups** of 11. Cho **doubles** 9 and Iko **doubles** 12. Tom says that the **total** of Cho and Iko's **doubles** are **greater than** Sam's **total**. Is Tom correct? Explain your answer.

GRASSHOPPER LEVEL
WEEK 35

Monday
1.	4	+		=	10
2.	1	add		=	10
3.	14	+		=	20
4.	17	plus		=	20
5.	half	of		=	3
6.	double			=	14
7.	2	more than		=	16
8.	2	less than		=	11
9.	2 + 2	add	5 + 5 + 5	equals	
10.	10 + 10	+	2 + 2	=	

Tuesday
1.	2	+		=	10
2.	4	add		=	10
3.	11	+		=	20
4.	13	plus		=	20
5.	half	of		=	5
6.	double			=	22
7.	2	more than		=	15
8.	2	less than		=	12
9.	2 + 2 + 2	add	5 + 2 + 2	equals	
10.	10 + 2	+	2 + 2	=	

Wednesday
1.	6	+		=	10
2.	2	add		=	10
3.	15	+		=	20
4.	2	plus		=	20
5.	half	of		=	9
6.	double			=	24
7.	2	more than		=	13
8.	2	less than		=	4
9.	2 + 2 + 2	add	2 + 2 + 2	equals	
10.	2 + 2	+	2 + 2	=	

Thursday
1.	1	+		=	10
2.	10	add		=	10
3.	20	+		=	20
4.	11	plus		=	20
5.	half	of		=	10
6.	double			=	2
7.	2	more than		=	5
8.	2	less than		=	17
9.	2 + 2 + 2	add	10	equals	
10.	2 + 2	+	5	=	

Friday
1.	4	+		=	10
2.	1	add		=	10
3.	14	+		=	20
4.	7	plus		=	20
5.	half	of		=	12
6.	double			=	12
7.	2	more than		=	11
8.	2	less than		=	9
9.	2 + 2 + 2	add	5	equals	
10.	2 + 2	+	10	=	

Ninja challenge
Sam has read 7 books this week. Iko has read **double** the amount of books that Sam has read. How many books has Iko read?

SHINOBI LEVEL
WEEK 35

Monday

1.	76	−	47	=	
2.	76	−		=	28
3.		=	75	−	49
4.	4 + 3 +		=	9 + 1 +	3
5.	7 + 2 +	5	=	7 + 3 +	
6.	3	x	5	=	
7.	15	÷	5	=	
8.	4	groups of	10	is equal to	
9.	10	x		=	40
10.		=	40	÷	10

Tuesday

1.	84	−	39	=	
2.	84	−		=	46
3.		=	84	−	36
4.	3 + 5 +		=	3 + 1 +	8
5.	7 + 3 +	6	=	7 + 5 +	
6.	7	x	5	=	
7.	35	÷	5	=	
8.	7	groups of	10	is equal to	
9.	10	x		=	70
10.		=	70	÷	10

Wednesday

1.	64	−	37	=	
2.	65	−		=	28
3.		=	64	−	39
4.	6 + 5 +		=	9 + 5 +	3
5.	6 + 3 +	9	=	9 + 5 +	
6.	6	x	5	=	
7.	30	÷	5	=	
8.	12	groups of	10	is equal to	
9.	10	x		=	120
10.		=	120	÷	10

Thursday

1.	56	−	19	=	
2.	56	−		=	38
3.		=	55	−	17
4.	4 + 7 +		=	6 + 5 +	5
5.	7 + 2 +	6	=	9 + 2 +	
6.	11	x	5	=	
7.	55	÷	5	=	
8.	11	groups of	10	is equal to	
9.	10	x		=	110
10.		=	110	÷	10

Friday

1.	75	−	38	=	
2.	75	−		=	36
3.	35	=	74	−	
4.	3 + 5 +		=	9 + 1 +	4
5.	2 + 1 +	8	=	7 + 2 +	
6.	8	x	5	=	
7.	40	÷	5	=	
8.	8	groups of	10	is equal to	
9.	8	x		=	80
10.		=	80	÷	10

Ninja challenge

Tom has 30 counters. Iko has 40 counters. Cho has 20 counters. Sam has 10 counters. How many counters do they have in **total**?

GRAND MASTER LEVEL

WEEK 35

Monday

1.	45	+		=	84
2.		−	29	=	63
3.	3	=	quarter	of	
4.	100 +		+ 3	=	153
5.	100	+		=	130
6.		lots of	4	=	24
7.	219	+	4	=	
8.	198	−	3	=	
9.		add	40	=	249
10.		minus	40	=	351

Tuesday

1.	67	+		=	86
2.		−	19	=	68
3.	4	=	quarter	of	
4.	100 +		+ 9	=	139
5.	100	+		=	176
6.		lots of	4	=	28
7.	321	+	4	=	
8.	257	−	3	=	
9.		add	40	=	296
10.		minus	40	=	133

Wednesday

1.	56	+		=	93
2.		−	49	=	29
3.	5	=	quarter	of	
4.	100 +		+ 7	=	167
5.	100	+		=	145
6.		lots of	4	=	48
7.	404	+	4	=	
8.	299	−	3	=	
9.		add	40	=	353
10.		minus	40	=	353

Thursday

1.	65	+		=	92
2.		−	37	=	57
3.	10	=	quarter	of	
4.	100 +		+ 5	=	195
5.	100	+		=	181
6.		lots of	4	=	12
7.	104	+	4	=	
8.	176	−	3	=	
9.		add	40	=	141
10.		minus	40	=	241

Friday

1.	72	+		=	86
2.		−	49	=	18
3.	4	=	quarter	of	
4.	100 +		+ 9	=	109
5.	100	+		=	105
6.		lots of	4	=	24
7.	235	+	4	=	
8.	173	−	3	=	
9.		add	40	=	387
10.		minus	40	=	321

Ninja challenge

Cho **divides** 24 counters into 4 **equal groups**. How many counters are in each group?

Arithmetic Ninja 6-7 © Andrew Jennings, 2022

GRASSHOPPER LEVEL
WEEK 36

Monday

1.	10	−		=	4
2.	10	minus		=	1
3.	20	subtract		=	14
4.	20	take away		=	7
5.	3	lots of	2	=	
6.	5	lots of	2	=	
7.	2	more than		=	16
8.	2	less than		=	13
9.	1 + 2	+	3	equals	
10.	2 + 2	+	5	=	

Tuesday

1.	10	−		=	3
2.	10	minus		=	8
3.	20	subtract		=	17
4.	20	take away		=	9
5.	5	lots of	2	=	
6.	2	lots of	2	=	
7.	2	more than		=	6
8.	2	less than		=	11
9.	1 + 2	+	2 + 1	equals	
10.	2 + 2 + 5	+	5	=	

Wednesday

1.	10	−		=	9
2.	10	minus		=	7
3.	20	subtract		=	19
4.	20	take away		=	6
5.	7	lots of	2	=	
6.	4	lots of	2	=	
7.	2	more than		=	15
8.	2	less than		=	17
9.	1 + 2 + 1	+	2 + 1	equals	
10.	2 + 2 + 5	+	5 + 2	=	

Thursday

1.	10	−		=	2
2.	10	minus		=	5
3.	20	subtract		=	7
4.	20	take away		=	2
5.	10	lots of	2	=	
6.	6	lots of	2	=	
7.	2	more than		=	13
8.	2	less than		=	14
9.	1	+	2 + 1	equals	
10.	2	+	5 + 2	=	

Friday

1.	10	−		=	1
2.	10	minus		=	6
3.	20	subtract		=	3
4.	20	take away		=	1
5.	8	lots of	2	=	
6.	9	lots of	2	=	
7.	2	more than		=	17
8.	2	less than		=	5
9.	1 + 2 + 2	+	2 + 1	equals	
10.	2 + 5	+	5 + 2	=	

Ninja challenge

Tom's favourite number is 12. Iko's favourite number is **half** of Tom's favourite number. What is Iko's favourite number?

SHINOBI LEVEL — WEEK 36

Monday

1.	45	−	28	=	
2.	45	−		=	16
3.		=	45	−	18
4.	7 + 3 +		=	4 + 5 +	7
5.	4 + 5 +	8	=	9 + 6 +	
6.	5	×	5	=	
7.	25	÷	5	=	
8.	5	groups of	10	is equal to	
9.		×	10	=	50
10.		=	50	÷	10

Tuesday

1.	63	−	29	=	
2.	64	−		=	36
3.		=	64	−	36
4.	4 + 8 +	7	=	6 + 6 +	
5.	7 + 9 +		=	9 + 9 +	1
6.	2	×	5	=	
7.	10	÷	5	=	
8.	2	groups of	10	is equal to	
9.		×	10	=	50
10.	20	÷	10	=	

Wednesday

1.	52	−	28	=	
2.	52	−		=	26
3.		=	54	−	28
4.	6 + 3 +	4	=	7 + 6 +	
5.	2 + 1 +		=	3 + 3 +	6
6.	9	×	5	=	
7.	45	÷	5	=	
8.	9	groups of	10	is equal to	
9.		×	10	=	90
10.	90	÷	10	=	

Thursday

1.	71	−	27	=	
2.	71	−		=	43
3.		=	42	−	13
4.	5 + 2 +	6	=	9 + 3 +	
5.	4 + 7 +		=	9 + 1 +	1
6.	4	×	5	=	
7.	20	÷	5	=	
8.	4	groups of	10	is equal to	
9.		×	10	=	40
10.	40	÷	10	=	

Friday

1.	51	−	37	=	
2.	52	−	37	=	
3.		=	54	−	39
4.	1 + 0 +	4	=	2 + 3 +	
5.	7 + 2 +		=	5 + 6 +	4
6.	8	×	5	=	
7.	40	÷	5	=	
8.	8	groups of	10	is equal to	
9.		×	10	=	80
10.	80	÷	10	=	

Ninja challenge

Iko tells Sam that 6 **more** than **double** 7 is **equal** to 4 **equal groups** of 5. Is Iko correct? Explain your answer.

GRAND MASTER LEVEL
WEEK 36

Monday
1.		+	35	=	107
2.	97	−		=	30
3.	8	=	half	of	
4.		x	5	=	40
5.	100	+		=	164
6.	double			=	18
7.	253	+		=	258
8.	139	−		=	134
9.	347	add		=	367
10.	361	minus		=	331

Tuesday
1.		+	45	=	113
2.	82	−		=	58
3.	12	=	half	of	
4.		x	5	=	45
5.	100	+		=	137
6.	double			=	12
7.	253	+		=	257
8.	139	−		=	136
9.	347	add		=	387
10.	361	minus		=	331

Wednesday
1.		+	23	=	101
2.	95	−		=	61
3.	7	=	half	of	
4.		x	5	=	20
5.	100	+		=	187
6.	double			=	16
7.	352	+		=	355
8.	145	−		=	141
9.	231	add		=	271
10.	159	minus		=	129

Thursday
1.		+	43	=	106
2.	99	−		=	71
3.	9	=	half	of	
4.		x	5	=	55
5.	100	+		=	194
6.	double			=	24
7.	163	+		=	168
8.	168	−		=	167
9.	352	add		=	372
10.	153	minus		=	113

Friday
1.		+	25	=	103
2.	91	−		=	70
3.	10	=	half	of	
4.		x	5	=	25
5.	100	+		=	109
6.	double			=	40
7.	105	+		=	110
8.	109	−		=	104
9.	352	add		=	392
10.	291	minus		=	281

Ninja challenge
Cho **divides** 36 counters into 4 **equal groups**. How many counters are in each group?

GRASSHOPPER LEVEL

WEEK 37

Monday

1.	10	−		=	5
2.	10	minus		=	7
3.	20	subtract		=	7
4.	20	take away		=	4
5.	4	lots of	2	=	
6.	7	lots of	2	=	
7.	2	more than		=	15
8.	2	less than		=	3
9.	1 + 1 + 1	+	2 + 1	equals	
10.	2 + 10	+	5	=	

Tuesday

1.	10	−		=	7
2.	10	minus		=	8
3.	20	subtract		=	15
4.	20	take away		=	18
5.	2	lots of	2	=	
6.	4	lots of	2	=	
7.	2	more than		=	19
8.	2	less than		=	9
9.	1 + 1 + 1	+	2 + 1 + 2	equals	
10.	2 + 10	+	5 + 5	=	

Wednesday

1.	10	−		=	1
2.	10	minus		=	7
3.	20	subtract		=	19
4.	20	take away		=	3
5.	5	lots of	2	=	
6.	8	lots of	2	=	
7.	2	more than		=	16
8.	2	less than		=	7
9.	1 + 2	+	2 + 1 + 2	equals	
10.	2 + 5	+	5 + 5	=	

Thursday

1.	10	−		=	2
2.	10	minus		=	1
3.	20	subtract		=	1
4.	20	take away		=	6
5.	4	lots of	2	=	
6.	10	lots of	2	=	
7.	2	more than		=	11
8.	2	less than		=	10
9.	1 + 2	+	1 + 1 + 1	equals	
10.	2 + 5	+	2 + 5	=	

Friday

1.	10	−		=	6
2.	10	minus		=	9
3.	20	subtract		=	18
4.	20	take away		=	7
5.	5	lots of	2	=	
6.	11	lots of	2	=	
7.	2	more than		=	17
8.	2	less than		=	3
9.	1 + 1	+	1 + 1 + 1	equals	
10.	2 + 5	+	2 + 2	=	

Ninja challenge

Tom places 20 leaves on a table, but the breeze blows **away** 16 of them. How many leaves **remain** on the table?

Arithmetic Ninja 6-7 © Andrew Jennings, 2022

SHINOBI LEVEL
WEEK 37

Monday

1.	43	+		=	72
2.	73	=	29	+	
3.		−	45	=	28
4.	60	+		=	90
5.	70	=		+	10
6.	8	÷	2	=	
7.	half of	8	is equal	to	
8.	8	x	5	=	
9.		x	10	=	80
10.	80	÷	10	=	

Tuesday

1.	67	+		=	91
2.	93	=	67	+	
3.		−	27	=	66
4.	80	−		=	30
5.	70	=		+	50
6.	6	÷	2	=	
7.	half of	6	is equal	to	
8.	6	x	5	=	
9.		x	10	=	60
10.	60	÷	10	=	

Wednesday

1.	46	+		=	74
2.	75	=	47	+	
3.		=	75	−	48
4.	70	+		=	90
5.	80	=		+	50
6.	10	÷	2	=	
7.	half of	10	is equal	to	
8.	10	x	5	=	
9.		x	10	=	100
10.	100	÷	10	=	

Thursday

1.	38	+		=	61
2.	62	=	38	+	
3.		−	28	=	34
4.	20	+		=	80
5.	30	=		−	60
6.	12	÷	2	=	
7.	half of	12	is equal	to	
8.	12	x	5	=	
9.		x	10	=	120
10.	120	÷	10	=	

Friday

1.	49	+		=	74
2.	74	=	48	+	
3.		−	49	=	28
4.	60	=		+	20
5.	80	−		=	30
6.	22	÷	2	=	
7.	half of	22	is equal	to	
8.	11	x	5	=	
9.		x	10	=	110
10.	110	÷	10	=	

Ninja challenge

Tom tells Iko that 3 **equal groups** of 5 is **equal** to 6 **less than** 20. Is Tom correct? Explain your answer.

GRAND MASTER LEVEL
WEEK 37

Monday
1.		+	45	=	108
2.	88	−		=	61
3.	4	=	third	of	
4.	1	x	8	=	
5.	300	+		=	700
6.	double			=	8
7.	20 + 10	+		=	60
8.	5 + 10 + 2	+		=	22
9.		add	50	=	174
10.		minus	40	=	234

Tuesday
1.		+	41	=	97
2.	98	−		=	72
3.	2	=	third	of	
4.	2	x	8	=	
5.	200	+		=	700
6.	double			=	18
7.	30 + 20 + 10	+		=	70
8.	5 + 2 + 2	+		=	19
9.		add	10	=	441
10.		minus	10	=	472

Wednesday
1.		+	39	=	98
2.	77	−		=	44
3.	6	=	third	of	
4.	10	x	8	=	
5.	500	+		=	800
6.	double			=	22
7.	20 + 20 + 10	+		=	80
8.	2 + 2 + 2 + 2	+		=	13
9.		add	40	=	571
10.		minus	30	=	243

Thursday
1.		+	15	=	74
2.	83	−		=	61
3.	11	=	third	of	
4.	5	x	8	=	
5.	500	+		=	800
6.	double			=	20
7.	20 + 20 + 20	+		=	80
8.	2 + 2 + 2 + 2	+		=	18
9.		add	20	=	694
10.		minus	40	=	509

Friday
1.		+	31	=	98
2.	85	−		=	60
3.	5	=	third	of	
4.	3	x	8	=	
5.	400	+		=	600
6.	double			=	16
7.	10 + 10 + 10	+		=	50
8.	2 + 2 + 5 + 5	+		=	24
9.		add	40	=	582
10.		minus	20	=	642

Ninja challenge
Tom says he **doubled** a number, then **doubled** it again and came to the answer of 80. What number did he start with?

Arithmetic Ninja 6-7 © Andrew Jennings, 2022

GRASSHOPPER LEVEL
WEEK 38

Monday

1.	15	−		=	12
2.	14	minus		=	13
3.	13	+		=	15
4.	12	+		=	15
5.	1	lot of	5	=	
6.	2	lots of	5	=	
7.	1	more than		=	14
8.	1	less than		=	6
9.	1 + 10	+	10	equals	
10.	10	+	2 + 2	=	

Tuesday

1.	13	−		=	11
2.	14	minus		=	11
3.	11	+		=	14
4.	15	+		=	17
5.	3	lots of	5	=	
6.	4	lots of	5	=	
7.	1	more than		=	6
8.	1	less than		=	14
9.	1 + 1	+	10	equals	
10.	10	+	2 + 5	=	

Wednesday

1.	11	−		=	8
2.	19	minus		=	17
3.	13	+		=	14
4.	8	+		=	11
5.	5	lots of	5	=	
6.	2	lots of	5	=	
7.	1	more than		=	7
8.	1	less than		=	10
9.	1 + 1 + 1 + 1	+	10	equals	
10.	10	+	2 + 2 + 2	=	

Thursday

1.	12	−		=	9
2.	15	minus		=	12
3.	11	+		=	14
4.	12	+		=	14
5.	6	lots of	5	=	
6.	10	lots of	5	=	
7.	1	more than		=	10
8.	1	less than		=	18
9.	1 + 1 + 1 + 1	+	10 + 2	equals	
10.	10 + 2	+	2 + 2 + 2	=	

Friday

1.	19	−		=	17
2.	18	minus		=	17
3.	7	+		=	9
4.	9	+		=	12
5.	7	lots of	5	=	
6.	8	lots of	5	=	
7.	1	more than		=	12
8.	1	less than		=	10
9.	1 + 1 + 2 + 1	+	10 + 2 + 1	equals	
10.	10 + 2	+	2 + 2 + 1	=	

Ninja challenge

Iko tells everyone she has a secret number. She says the number is four **more** than 10. What is the secret number?

SHINOBI LEVEL
WEEK 38

Monday

1.	72	−	☐	=	34
2.	38	=	73	−	☐
3.	☐	add	36	=	74
4.	30 +	40	=	90 −	☐
5.	90 −	☐	is equal to	10 +	10
6.	2	÷	2	=	☐
7.	half of	2	is equal	to	☐
8.	4	x	5	=	☐
9.	☐	x	10	=	40
10.	40	÷	10	=	☐

Tuesday

1.	43	−	☐	=	24
2.	25	=	43	−	☐
3.	☐	+	26	=	44
4.	60 +	20	=	50 +	☐
5.	20 +	☐	=	90 −	30
6.	14	÷	2	=	☐
7.	half of	14	is equal	to	☐
8.	7	x	5	=	☐
9.	☐	x	10	=	70
10.	70	÷	10	=	☐

Wednesday

1.	84	−	☐	=	55
2.	56	=	84	−	☐
3.	☐	+	55	=	82
4.	20 +	30	=	50 +	☐
5.	40 +	☐	=	90 −	40
6.	24	÷	2	=	☐
7.	half of	24	is equal	to	☐
8.	3	x	5	=	☐
9.	☐	x	10	=	30
10.	30	÷	10	=	☐

Thursday

1.	73	−	☐	=	17
2.	17	=	74	−	☐
3.	☐	+	17	=	74
4.	20 +	☐	=	80 −	10
5.	50 +	40	=	90 −	☐
6.	16	÷	2	=	☐
7.	half of	16	is equal	to	☐
8.	8	x	5	=	☐
9.	☐	x	10	=	80
10.	80	÷	10	=	☐

Friday

1.	82	−	☐	=	23
2.	23	=	81	−	☐
3.	59	+	24	=	☐
4.	50 +	30	=	40 +	☐
5.	90 −	☐	=	10 +	20
6.	18	÷	2	=	☐
7.	half of	18	is equal	to	☐
8.	9	x	5	=	☐
9.	☐	x	10	=	90
10.	90	÷	10	=	☐

Ninja challenge

Cho says that 5 **equal groups** of 5 is **greater than** 10 **equal groups** of 2. Is Cho correct? Explain your answer.

Arithmetic Ninja 6-7 © Andrew Jennings, 2022

GRAND MASTER LEVEL

WEEK 38

Monday

1.		+	22	=	66
2.	88	−		=	77
3.	5	=	quarter	of	
4.	1	x	8	=	
5.	800	−		=	700
6.	half	of		=	8
7.	10 + 30 + 10	−	20	=	
8.	5 + 5	+	10 + 2	=	
9.		add	100	=	535
10.		minus	100	=	331

Tuesday

1.		+	55	=	88
2.	66	−		=	44
3.	10	=	quarter	of	
4.	2	x	8	=	
5.	500	−		=	100
6.	half	of		=	9
7.	20 + 30 + 20	−	20	=	
8.	5 + 10	+	10 + 2	=	
9.		add	100	=	655
10.		minus	100	=	15

Wednesday

1.		+	33	=	77
2.	99	−		=	66
3.	2	=	quarter	of	
4.	4	x	8	=	
5.	600	−		=	300
6.	half	of		=	11
7.	30 + 30 + 20	−	30	=	
8.	10 + 10	+	10 + 2 + 5	=	
9.		add	100	=	706
10.		minus	100	=	219

Thursday

1.		+	11	=	88
2.	88	−		=	11
3.	3	=	quarter	of	
4.	5	x	8	=	
5.	900	−		=	600
6.	half	of		=	6
7.	30 + 10 + 10	−	40	=	
8.	2 + 10	+	10 + 2 + 5	=	
9.		add	100	=	742
10.		minus	100	=	383

Friday

1.		+	12	=	72
2.	60	−		=	48
3.	6	=	quarter	of	
4.	10	x	8	=	
5.	500	−		=	200
6.	half	of		=	8
7.	30 + 10 + 30	−	20	=	
8.	5 + 10	+	5 + 2 + 5	=	
9.		add	100	=	471
10.		minus	100	=	37

Ninja challenge

Sam says he **quartered** a number, then **quartered** it again and came to the answer of 3. What number did he start with?

GRASSHOPPER LEVEL

WEEK 39

Monday

1.	14	subtract		=	11
2.	12	minus		=	10
3.	13	plus		=	16
4.	4	add		=	7
5.	2	lots of	10	=	
6.	4	lots of	10	=	
7.	2	more than		=	17
8.	2	less than		=	3
9.	double		7	=	
10.	10 + 5	+	2 + 1	=	

Tuesday

1.	15	subtract		=	13
2.	11	minus		=	8
3.	7	plus		=	8
4.	9	add		=	11
5.	6	lots of	10	=	
6.	3	lots of	10	=	
7.	2	more than		=	15
8.	2	less than		=	9
9.	double		4	=	
10.	10 + 2	+	5 + 1	=	

Wednesday

1.	11	subtract		=	9
2.	19	minus		=	16
3.	9	plus		=	10
4.	12	add		=	14
5.	7	lots of	10	=	
6.	4	lots of	10	=	
7.	2	more than		=	5
8.	2	less than		=	12
9.	double		9	=	
10.	10 + 1	+	2 + 1	=	

Thursday

1.	13	subtract		=	11
2.	15	minus		=	12
3.	3	plus		=	4
4.	17	add		=	19
5.	8	lots of	10	=	
6.	9	lots of	10	=	
7.	2	more than		=	7
8.	2	less than		=	4
9.	double		11	=	
10.	10 + 1 + 2	+	2 + 1 + 1	=	

Friday

1.	14	subtract		=	12
2.	19	minus		=	16
3.	11	plus		=	12
4.	13	add		=	15
5.	11	lots of	10	=	
6.	2	lots of	10	=	
7.	2	more than		=	8
8.	2	less than		=	17
9.	double		9	=	
10.	5 + 1 + 2	+	5 + 1 + 1	=	

Ninja challenge

Sam has a pile of counters. Sam **shares** them **equally** into 5 groups of 10 counters. How many counters does Sam have?

SHINOBI LEVEL
WEEK 39

Monday

1.	83	–		=	45
2.		add	39	=	85
3.	37	=		subtract	48
4.	10 + 20 +	30	=	90 –	
5.	80 –		=	20 + 10 +	10
6.		x	10	=	20
7.	30	÷	10	=	
8.	40	÷	10	=	
9.		x	5	=	40
10.	half of	8	is equal	to	

Tuesday

1.	48	+		=	74
2.		–	46	is equal to	28
3.	72	=		add	28
4.	40 + 10 +	20	=	90 –	
5.	80 –		=	40 + 10 +	10
6.		x	10	=	60
7.	60	÷	10	=	
8.	70	÷	10	=	
9.		x	5	=	35
10.	half of	12	is equal	to	

Wednesday

1.	62	–		=	23
2.		+	24	=	62
3.	25	=		–	37
4.	70 –	10	=	30 + 10 +	
5.	40 + 10 +		=	50 + 20 +	10
6.		x	10	=	80
7.	80	÷	10	=	
8.	90	÷	10	=	
9.		x	5	=	60
10.	half of	12	is equal	to	

Thursday

1.	38	+		=	63
2.		–	37	=	25
3.	24	=		–	38
4.	30 + 10 +	50	=	60 +	
5.	90 –		=	50 –	30
6.		x	10	=	90
7.	90	÷	10	=	
8.	100	÷	10	=	
9.		x	5	=	50
10.	half of	10	is equal	to	

Friday

1.	92	–		=	45
2.		+	48	=	94
3.	48	=		–	48
4.	40 + 10 +	40	=	30 + 30 +	
5.	10 + 20 +		=	60 –	10
6.		x	10	=	120
7.	120	÷	10	=	
8.	110	÷	10	=	
9.		x	5	=	55
10.	half of	6	is equal	to	

Ninja challenge

Sam says that 40 **plus** 30 **add** 10 is **equal** to 50 **add** 20 **plus** 10. Is Sam correct? Explain your answer.

GRAND MASTER LEVEL

WEEK 39

Monday

#					
1.		+	13	=	83
2.	80	−		=	66
3.		=	third of		24
4.		×	4	=	40
5.	500	−		=	200
6.		add	400	=	700
7.	30+30+30	−	20	=	
8.	5+10+5	+	5+2+5	=	
9.		more than	253	=	293
10.		less than	132	=	102

Tuesday

#					
1.		+	23	=	73
2.	60	−		=	28
3.		=	third of		9
4.		×	4	=	8
5.	600	−		=	200
6.		add	400	=	800
7.	10+10+10	−	20	=	
8.	5+2+2	+	5+2+5	=	
9.		more than	333	=	383
10.		less than	333	=	313

Wednesday

#					
1.		+	23	=	63
2.	50	−		=	33
3.		=	third of		15
4.		×	4	=	20
5.	700	−		=	100
6.		add	400	=	600
7.	10+30+10	−	30	=	
8.	5+2+10	+	10+2+5	=	
9.		more than	232	=	272
10.		less than	383	=	343

Thursday

#					
1.		+	35	=	85
2.	60	−		=	31
3.		=	third of		21
4.		×	4	=	44
5.	800	−		=	300
6.		add	200	=	700
7.	10+30+20	−	10	=	
8.	5+5+10	+	10+5+5	=	
9.		more than	432	=	452
10.		less than	165	=	155

Friday

#					
1.		+	18	=	78
2.	70	−		=	54
3.		=	third of		30
4.		×	4	=	20
5.	900	−		=	700
6.		add	200	=	500
7.	30+30+20	−	10	=	
8.	10+10+10	+	10+5+5	=	
9.		more than	111	=	121
10.		less than	399	=	359

Ninja challenge

Iko starts with the number 24. First she **halves** it. Then she **adds** 20. Then she **doubles** it. What does she need to add to reach 100?

Arithmetic Ninja 6-7 © Andrew Jennings, 2022

ANSWERS

Week 1: Grasshopper

Monday
1. 10
2. 10
3. 10
4. 10
5. 10
6. 10
7. 10
8. 10
9. 10
10. 10

Tuesday
1. 8
2. 9
3. 10
4. 8
5. 9
6. 9
7. 8
8. 9
9. 9
10. 9

Wednesday
1. 10
2. 9
3. 8
4. 10
5. 9
6. 7
7. 9
8. 9
9. 8
10. 9

Thursday
1. 8
2. 9
3. 7
4. 9
5. 10
6. 6
7. 6
8. 7
9. 7
10. 7

Friday
1. 8
2. 9
3. 9
4. 9
5. 10
6. 6
7. 6
8. 7
9. 7
10. 7

Ninja Challenge
8

Week 1: Shinobi

Monday
1. 1
2. 9
3. 8
4. 10
5. 8
6. 6
7. 3
8. 2
9. 4
10. 3

Tuesday
1. 10
2. 4
3. 3
4. 8
5. 12
6. 6
7. 6
8. 7
9. 14
10. 14

Wednesday
1. 10
2. 0
3. 9
4. 1
5. 5
6. 10
7. 5
8. 10
9. 6
10. 12

Thursday
1. 7
2. 10
3. 7
4. 6
5. 9
6. 16
7. 8
8. 18
9. 18
10. 8

Friday
1. 10
2. 1
3. 9
4. 11
5. 9
6. 18
7. 9
8. 9
9. 20
10. 10

Ninja Challenge
No, Cho is not correct. Double 3 is 6.

Week 1: Grand Master

Monday
1. 36
2. 48
3. 46
4. 10
5. 30
6. 70
7. 80
8. 27
9. 70
10. 12

Tuesday
1. 40
2. 45
3. 36
4. 8
5. 50
6. 80
7. 60
8. 36
9. 30
10. 15

Wednesday
1. 2
2. 3
3. 10
4. 5
5. 3
6. 40
7. 80
8. 10
9. 80
10. 3

Thursday
1. 3
2. 3
3. 26
4. 2
5. 10
6. 20
7. 60
8. 10
9. 20
10. 3

Friday
1. 58
2. 3
3. 29
4. 2
5. 90
6. 60
7. 30
8. 56
9. 50
10. 3

Ninja Challenge
Yes, Sam is correct; double 20 is 40 and 40 plus 40 equals 80.

Week 2: Grasshopper

Monday
1. 9
2. 7
3. 8
4. 6
5. 4
6. 5
7. 10
8. 2
9. 3
10. 1

Tuesday
1. 7
2. 6
3. 8
4. 4
5. 3
6. 4
7. 8
8. 1
9. 2
10. 4

Wednesday
1. 7
2. 3
3. 3
4. 3
5. 0
6. 7
7. 8
8. 5
9. 5
10. 7

Thursday
1. 5
2. 3
3. 2
4. 2
5. 6
6. 6
7. 5
8. 3
9. 4
10. 5

Friday
1. 4
2. 4
3. 3
4. 3
5. 5
6. 3
7. 1
8. 6
9. 4
10. 1

Ninja Challenge
7

Week 2: Shinobi

Monday
1. 1
2. 2
3. 2
4. 2
5. 20
6. 6
7. 3
8. 6
9. 4
10. 8

Tuesday:
1. 6
2. 10
3. 3
4. 20
5. 17
6. 7
7. 5
8. 14
9. 2
10. 16

Wednesday:
1. 7
2. 10
3. 9
4. 20
5. 1
6. 19
7. 2
8. 20
9. 10
10. 22

Thursday:
1. 3
2. 10
3. 4
4. 4
5. 16
6. 2
7. 9
8. 18
9. 2
10. 16

Friday
1. 8
2. 10
3. 1
4. 11
5. 9
6. 10
7. 8
8. 4
9. 8
10. 10

Ninja Challenge
Yes, Iko is correct; the sum of both is 10.

Week 2: Grand Master

Monday
1. 71
2. 6
3. 47
4. 2
5. 80
6. 30
7. 26
8. 59
9. 80
10. 3

Tuesday
1. 41
2. 62
3. 67
4. 12
5. 80
6. 70
7. 14
8. 64
9. 90
10. 27

Wednesday
1. 37
2. 86
3. 74
4. 22
5. 90
6. 70
7. 12
8. 10
9. 50
10. 3

Thursday
1. 56
2. 4
3. 73
4. 12
5. 80
6. 30
7. 24
8. 44
9. 40
10. 27

Friday
1. 46
2. 4
3. 67
4. 7
5. 50
6. 60
7. 26
8. 66
9. 70
10. 33

Ninja Challenge
Yes, Tom is correct; both equal 70.

Week 3: Grasshopper

Monday
1. 1
2. 3
3. 2
4. 4
5. 6
6. 5
7. 0
8. 8
9. 7
10. 9

Tuesday
1. 1
2. 3
3. 2
4. 4
5. 6
6. 5
7. 0
8. 8
9. 7
10. 5

Wednesday
1. 3
2. 6
3. 5
4. 7
5. 9
6. 0
7. 1
8. 4
9. 3
10. 2

Thursday
1. 3
2. 6
3. 5
4. 7
5. 4
6. 0
7. 1
8. 4
9. 3
10. 2

Friday
1. 4
2. 5
3. 4
4. 6
5. 5
6. 3
7. 5
8. 1
9. 3
10. 6

Ninja Challenge
4

Week 3: Shinobi

Monday
1. 7
2. 3
3. 7
4. 3
5. 4
6. 20
7. Is equal
8. 16
9. 9
10. 2

Tuesday
1. 4
2. 6
3. 4
4. 6
5. 16
6. 5
7. 5
8. 10
9. 5
10. 4

Wednesday
1. 1
2. 1
3. 1
4. 18
5. 17
6. 16
7. 2
8. 18
9. 2
10. 20

Thursday
1. 7
2. 9
3. 4
4. 20
5. 9
6. 8
7. 2
8. 2
9. 5
10. 12

Friday
1. 4
2. 5
3. 8
4. 6
5. 17
6. 20
7. Is equal
8. 20
9. 20
10. 2

Ninja Challenge
No, Sam is not correct; the sum of 9 and 7 is 16, not 15.

Week 3: Grand Master

Monday
1. 74
2. 40
3. 10
4. 70
5. 33
6. 60
7. 6
8. 70
9. 7
10. 18

Tuesday
1. 83
2. 68
3. 10
4. 35
5. 62
6. 83
7. 5
8. 80
9. 3
10. 21

Wednesday
1. 64
2. 11
3. 77
4. 7
5. 54
6. 43
7. 8
8. 60
9. 5
10. 4

Thursday
1. 70
2. 12
3. 81
4. 7
5. 62
6. 44
7. 9
8. 120
9. 6
10. 6

Friday
1. 79
2. 13
3. 46
4. 9
5. 67
6. 51
7. 16
8. 30
9. 9
10. 8

Ninja Challenge
No, Iko is incorrect. Half of 16 is 8 and double 6 is 12.

ANSWERS

Week 4: Grasshopper

Monday
1. 1
2. 3
3. 2
4. 4
5. 6
6. 5
7. 0
8. 8
9. 7
10. 9

Tuesday
1. 7
2. 5
3. 1
4. 3
5. 4
6. 6
7. 9
8. 2
9. 10
10. 8

Wednesday
1. 5
2. 4
3. 1
4. 10
5. 9
6. 6
7. 3
8. 2
9. 8
10. 7

Thursday
1. 7
2. 3
3. 9
4. 10
5. 1
6. 0
7. 2
8. 8
9. 5
10. 6

Friday
1. 0
2. 10
3. 9
4. 1
5. 2
6. 8
7. 3
8. 7
9. 4
10. 6

Ninja Challenge
6

Week 4: Shinobi

Monday
1. 3
2. 3
3. 10
4. 20
5. 3
6. 16
7. 2
8. 4
9. 5
10. 10

Tuesday
1. 2
2. 2
3. 1
4. 20
5. 20
6. 20
7. Is equal
8. 20
9. 11
10. 24

Wednesday
1. 2
2. 10
3. 9
4. 6
5. 20
6. 18
7. 12
8. 2
9. 6
10. 2

Thursday
1. 10
2. 4
3. 16
4. 16
5. 5
6. 6
7. 10
8. 20
9. 8
10. 2

Friday
1. 3
2. 10
3. 10
4. 4
5. 16
6. 6
7. 13
8. 14
9. 7
10. 14

Ninja Challenge
Yes, Cho is correct; the sum of both is 20.

Week 4: Grand Master

Monday
1. 80
2. 23
3. 46
4. 7
5. 72
6. 51
7. 1
8. 60
9. 7
10. 5

Tuesday
1. 67
2. 21
3. 66
4. 9
5. 54
6. 67
7. 1
8. 40
9. 8
10. 2

Wednesday
1. 80
2. 34
3. 84
4. 9
5. 63
6. 78
7. 3
8. 70
9. 5
10. 6

Thursday
1. 66
2. 34
3. 78
4. 9
5. 52
6. 57
7. 5
8. 110
9. 9
10. 12

Friday
1. 62
2. 24
3. 59
4. 7
5. 48
6. 98
7. 7
8. 120
9. 10
10. 0

Ninja Challenge
Yes, Tom is correct; 93-38 = 55 which is greater than 50.

Week 5: Grasshopper

Monday
1. 9
2. 7
3. 8
4. 6
5. 4
6. 5
7. 10
8. 2
9. 3
10. 1

Tuesday
1. 3
2. 5
3. 9
4. 7
5. 6
6. 4
7. 1
8. 8
9. 0
10. 2

Wednesday
1. 5
2. 6
3. 9
4. 0
5. 1
6. 4
7. 7
8. 8
9. 2
10. 3

Thursday
1. 3
2. 7
3. 1
4. 0
5. 9
6. 10
7. 8
8. 2
9. 5
10. 4

Friday
1. 10
2. 0
3. 1
4. 9
5. 8
6. 2
7. 7
8. 3
9. 6
10. 4

Ninja Challenge
3

Week 5: Shinobi

Monday
1. 16
2. 16
3. 15
4. 15
5. 15
6. 14
7. 3
8. 6
9. 4
10. 2

Tuesday
1. 11
2. 11
3. 12
4. 8
5. 8
6. 9
7. 10
8. 22
9. 11
10. 24

Wednesday
1. 5
2. 20
3. 5
4. 4
5. 16
6. 4
7. 14
8. 4
9. 2
10. 2

Thursday
1. 3
2. 6
3. 10
4. 20
5. 2
6. 18
7. 8
8. 8
9. 6
10. 2

Friday
1. 20
2. 15
3. 20
4. 20
5. 6
6. 4
7. Is equal
8. 2
9. 8
10. 18

Ninja Challenge
9 less than 20 is 11.

Week 5: Grand Master

Monday
1. 17
2. 24
3. 62
4. 7
5. 42
6. 98
7. 32
8. 9
9. 5
10. 5

Tuesday
1. 22
2. 27
3. 59
4. 4
5. 64
6. 85
7. 45
8. 10
9. 7
10. 8

Wednesday
1. 31
2. 64
3. 23
4. 61
5. 31
6. 23
7. 26
8. 7
9. 6
10. 11

Thursday
1. 20
2. 74
3. 12
4. 81
5. 23
6. 29
7. 63
8. 11
9. 12
10. 12

Friday
1. 31
2. 63
3. 12
4. 84
5. 23
6. 29
7. 52
8. 20
9. 1
10. 12

Ninja Challenge
No, Sam is incorrect; double 4 is 8 and double 8 is 16.

Week 6: Grasshopper

Monday
1. 6
2. 3
3. 8
4. 7
5. 5
6. 3
7. 2
8. 7
9. 5
10. 6

Tuesday
1. 5
2. 9
3. 1
4. 4
5. 5
6. 3
7. 2
8. 7
9. 7
10. 10

Wednesday
1. 7
2. 4
3. 0
4. 10
5. 5
6. 3
7. 2
8. 7
9. 8
10. 12

Thursday
1. 6
2. 4
3. 5
4. 3
5. 7
6. 5
7. 6
8. 4
9. 14
10. 4

Friday
1. 5
2. 1
3. 9
4. 7
5. 7
6. 5
7. 6
8. 4
9. 10
10. 8

Ninja Challenge
10

Week 6: Shinobi

Monday
1. 6
2. 6
3. 10
4. 5
5. 14
6. 7
7. 7
8. 14
9. 8
10. 2

Tuesday
1. 20
2. 18
3. 17
4. 17
5. 13
6. 7
7. 20
8. 6
9. 12
10. 24

Wednesday
1. 20
2. 18
3. 20
4. 20
5. 20
6. 20
7. 2
8. 22
9. 11
10. 2

Thursday
1. 2
2. 2
3. 20
4. 20
5. 6
6. 6
7. 20
8. 12
9. 2
10. 14

Friday
1. 20
2. 9
3. 20
4. 20
5. 20
6. 8
7. 13
8. 20
9. 2
10. 18

Ninja Challenge
No, Tom is incorrect; half of 14 is 7.

Week 6: Grand Master

Monday
1. 28
2. 84
3. 21
4. 8
5. 41
6. 63
7. 54
8. 20
9. 2
10. 6

Tuesday
1. 29
2. 86
3. 19
4. 7
5. 23
6. 42
7. 12
8. 40
9. 4
10. 3

Wednesday
1. 36
2. 84
3. 26
4. 3
5. 39
6. 22
7. 29
8. 60
9. 5
10. 9

Thursday
1. 33
2. 80
3. 28
4. 8
5. 62
6. 27
7. 36
8. 80
9. 6
10. 9

Friday
1. 34
2. 76
3. 20
4. 12
5. 31
6. 30
7. 21
8. 100
9. 7
10. 9

Ninja Challenge
Yes, Iko is correct; both equal 40.

ANSWERS

Week 7: Grasshopper	Week 7: Shinobi	Week 7: Grand Master	Week 8: Grasshopper	Week 8: Shinobi	Week 8: Grand Master	Week 9: Grasshopper	Week 9: Shinobi	Week 9: Grand Master
Monday	**Monday**	**Monday**	**Monday**	**Monday**	**Monday**	**Monday**	**Monday**	**Monday**
1. 10	1. 3	1. 35	1. 10	1. 17	1. 33	1. 10	1. 18	1. 36
2. 100	2. 12	2. 85	2. 20	2. 18	2. 64	2. 20	2. 12	2. 90
3. 10	3. 13	3. 12	3. 10	3. 17	3. 22	3. 11	3. 11	3. 27
4. 100	4. 6	4. 7	4. 20	4. 50	4. 12	4. 6	4. 8	4. 12
5. 5	5. 16	5. 71	5. 6	5. 40	5. 54	5. 14	5. 9	5. 8
6. 50	6. 26	6. 18	6. 16	6. 58	6. 19	6. 7	6. 89	6. 30
7. 8	7. 20	7. 8	7. 9	7. 38	7. 25	7. 15	7. 60	7. 9
8. 30	8. 22	8. 120	8. 19	8. 10	8. 160	8. 6	8. 8	8. 5
9. 10	9. 22	9. 8	9. 8	9. 10	9. 7	9. 2	9. 16	9. 10
10. 100	10. 10	10. 8	10. 2	10. 5	10. 12	10. 4	10. 2	10. 90
Tuesday	**Tuesday**	**Tuesday**	**Tuesday**	**Tuesday**	**Tuesday**	**Tuesday**	**Tuesday**	**Tuesday**
1. 10	1. 9	1. 30	1. 10	1. 8	1. 26	1. 10	1. 19	1. 27
2. 100	2. 13	2. 73	2. 20	2. 16	2. 82	2. 20	2. 7	2. 70
3. 10	3. 14	3. 32	3. 10	3. 15	3. 62	3. 11	3. 6	3. 32
4. 100	4. 8	4. 8	4. 20	4. 6	4. 7	4. 2	4. 47	4. 14
5. 7	5. 18	5. 61	5. 4	5. 6	5. 49	5. 11	5. 47	5. 25
6. 70	6. 28	6. 25	6. 14	6. 16	6. 25	6. 6	6. 47	6. 20
7. 6	7. 28	7. 14	7. 3	7. 70	7. 45	7. 20	7. 10	7. 13
8. 60	8. 3	8. 140	8. 13	8. 8	8. 80	8. 8	8. 5	8. 4
9. 8	9. 3	9. 9	9. 4	9. 16	9. 11	9. 4	9. 5	9. 7
10. 80	10. 6	10. 7	10. 1	10. 16	10. 9	10. 6	10. 10	10. 30
Wednesday	**Wednesday**	**Wednesday**	**Wednesday**	**Wednesday**	**Wednesday**	**Wednesday**	**Wednesday**	**Wednesday**
1. 10	1. 7	1. 31	1. 10	1. 9	1. 32	1. 10	1. 17	1. 22
2. 100	2. 13	2. 80	2. 20	2. 17	2. 99	2. 20	2. 7	2. 70
3. 10	3. 14	3. 19	3. 10	3. 18	3. 25	3. 14	3. 6	3. 54
4. 100	4. 15	4. 4	4. 20	4. 9	4. 9	4. 6	4. 15	4. 18
5. 9	5. 5	5. 72	5. 7	5. 19	5. 73	5. 14	5. 63	5. 45
6. 90	6. 35	6. 26	6. 17	6. 29	6. 45	6. 4	6. 63	6. 20
7. 3	7. 25	7. 15	7. 5	7. 39	7. 65	7. 25	7. 40	7. 17
8. 30	8. 10	8. 160	8. 15	8. 14	8. 60	8. 10	8. 14	8. 9
9. 4	9. 10	9. 11	9. 12	9. 2	9. 9	9. 6	9. 14	9. 6
10. 40	10. 10	10. 5	10. 3	10. 2	10. 4	10. 8	10. 8	10. 110
Thursday	**Thursday**	**Thursday**	**Thursday**	**Thursday**	**Thursday**	**Thursday**	**Thursday**	**Thursday**
1. 10	1. 6	1. 31	1. 10	1. 5	1. 36	1. 10	1. 14	1. 14
2. 100	2. 18	2. 60	2. 20	2. 17	2. 100	2. 20	2. 7	2. 80
3. 10	3. 8	3. 52	3. 10	3. 18	3. 51	3. 13	3. 8	3. 37
4. 100	4. 69	4. 11	4. 20	4. 11	4. 8	4. 1	4. 8	4. 24
5. 1	5. 69	5. 62	5. 1	5. 2	5. 71	5. 9	5. 87	5. 37
6. 10	6. 69	6. 12	6. 11	6. 12	6. 26	6. 2	6. 87	6. 40
7. 8	7. 29	7. 13	7. 9	7. 40	7. 15	7. 30	7. 60	7. 20
8. 80	8. 8	8. 180	8. 19	8. 11	8. 100	8. 12	8. 8	8. 11
9. 6	9. 4	9. 12	9. 16	9. 11	9. 10	9. 8	9. 2	9. 8
10. 60	10. 4	10. 7	10. 4	10. 22	10. 5	10. 10	10. 2	10. 40
Friday	**Friday**	**Friday**	**Friday**	**Friday**	**Friday**	**Friday**	**Friday**	**Friday**
1. 10	1. 4	1. 22	1. 10	1. 4	1. 36	1. 10	1. 14	1. 20
2. 100	2. 17	2. 72	2. 20	2. 18	2. 96	2. 20	2. 4	2. 60
3. 10	3. 18	3. 12	3. 10	3. 19	3. 27	3. 14	3. 5	3. 26
4. 100	4. 7	4. 12	4. 20	4. 19	4. 12	4. 4	4. 9	4. 14
5. 6	5. 4	5. 42	5. 6	5. 4	5. 72	5. 13	5. 19	5. 6
6. 60	6. 14	6. 18	6. 16	6. 14	6. 38	6. 7	6. 29	6. 50
7. 9	7. 60	7. 18	7. 1	7. 32	7. 45	7. 35	7. 4	7. 14
8. 90	8. 6	8. 200	8. 11	8. 20	8. 140	8. 14	8. 2	8. 1
9. 10	9. 10	9. 13	9. 16	9. 10	9. 6	9. 10	9. 8	9. 2
10. 100	10. 4	10. 12	10. 4	10. 10	10. 9	10. 12	10. 8	10. 70
Ninja Challenge	**Ninja Challenge**	**Ninja Challenge**	**Ninja Challenge**	**Ninja Challenge**	**Ninja Challenge**	**Ninja Challenge**	**Ninja Challenge**	**Ninja Challenge**
10	Both are equal to 10.	47	8	Yes, Sam is correct; both equal 20.	No, Tom is incorrect. 98 – 56 is equal to 42	8	20 – 7 = 13, while double 7 = 14.	No, Cho is incorrect; 59 – 32 = 27 which is less than 30.

ANSWERS

Week 10: Grasshopper

Monday
1. 11
2. 14
3. 17
4. 9
5. 5
6. 8
7. 10
8. 5
9. 12
10. 14

Tuesday
1. 11
2. 16
3. 12
4. 7
5. 6
6. 16
7. 20
8. 10
9. 14
10. 16

Wednesday
1. 13
2. 14
3. 11
4. 11
5. 7
6. 15
7. 30
8. 15
9. 16
10. 18

Thursday
1. 13
2. 13
3. 14
4. 6
5. 6
6. 10
7. 40
8. 20
9. 18
10. 20

Friday
1. 15
2. 13
3. 13
4. 4
5. 7
6. 4
7. 50
8. 25
9. 20
10. 22

Ninja Challenge
14

Week 10: Shinobi

Monday
1. 19
2. 6
3. 5
4. 4
5. 14
6. 94
7. 60
8. 3
9. 6
10. 2

Tuesday
1. 15
2. 5
3. 9
4. 8
5. 32
6. 32
7. 22
8. 5
9. 5
10. 10

Wednesday
1. 13
2. 2
3. 10
4. 4
5. 68
6. 18
7. 40
8. 24
9. 12
10. 3

Thursday
1. 19
2. 6
3. 5
4. 11
5. 7
6. 17
7. 60
8. 6
9. 6
10. 3

Friday
1. 18
2. 4
3. 16
4. 2
5. 8
6. 18
7. 30
8. 18
9. 2
10. 16

Ninja Challenge
16

Week 10: Grand Master

Monday
1. 40
2. 50
3. 40
4. 2
5. 14
6. 30
7. 8
8. 2
9. 4
10. 7

Tuesday
1. 32
2. 30
3. 50
4. 2
5. 42
6. 50
7. 10
8. 5
9. 12
10. 8

Wednesday
1. 37
2. 50
3. 40
4. 2
5. 59
6. 70
7. 16
8. 10
9. 4
10. 12

Thursday
1. 29
2. 80
3. 60
4. 2
5. 29
6. 40
7. 28
8. 12
9. 18
10. 5

Friday
1. 42
2. 50
3. 40
4. 2
5. 23
6. 50
7. 18
8. 5
9. 24
10. 8

Ninja Challenge
Yes, Sam is correct; both have 55.

Week 11: Grasshopper

Monday
1. 1
2. 6
3. 4
4. 4
5. 6
6. 4
7. 5
8. 2
9. 1
10. 2

Tuesday
1. 2
2. 5
3. 3
4. 8
5. 9
6. 5
7. 5
8. 2
9. 2
10. 3

Wednesday
1. 5
2. 6
3. 5
4. 4
5. 6
6. 7
7. 5
8. 2
9. 3
10. 4

Thursday
1. 9
2. 9
3. 5
4. 9
5. 11
6. 9
7. 5
8. 2
9. 4
10. 5

Friday
1. 3
2. 8
3. 7
4. 6
5. 5
6. 4
7. 5
8. 2
9. 5
10. 6

Ninja Challenge
5

Week 11: Shinobi

Monday
1. 16
2. 19
3. 15
4. 4
5. 43
6. 30
7. 23
8. 5
9. 6
10. 1

Tuesday
1. 5
2. 18
3. 14
4. 3
5. 6
6. 76
7. 50
8. 4
9. 8
10. 8

Wednesday
1. 9
2. 16
3. 8
4. 8
5. 80
6. 84
7. 60
8. 6
9. 3
10. 6

Thursday
1. 11
2. 2
3. 3
4. 9
5. 50
6. 53
7. 30
8. 8
9. 2
10. 8

Friday
1. 7
2. 16
3. 10
4. 6
5. 30
6. 37
7. 10
8. 6
9. 3
10. 3

Ninja Challenge
Yes, Sam is correct; 20 + 23 is 43.

Week 11: Grand Master

Monday
1. 42
2. 73
3. 63
4. 30
5. 34
6. 12
7. 14
8. 4
9. 5
10. 12

Tuesday
1. 51
2. 91
3. 54
4. 45
5. 42
6. 39
7. 2
8. 10
9. 6
10. 14

Wednesday
1. 45
2. 78
3. 77
4. 20
5. 12
6. 59
7. 6
8. 10
9. 2
10. 20

Thursday
1. 55
2. 87
3. 63
4. 50
5. 33
6. 16
7. 2
8. 20
9. 7
10. 18

Friday
1. 46
2. 94
3. 81
4. 55
5. 22
6. 27
7. 2
8. 8
9. 6
10. 24

Ninja Challenge
No, Cho is incorrect; 74 is closer to 50.

Week 12: Grasshopper

Monday
1. 6
2. 6
3. 8
4. 6
5. 8
6. 3
7. 10
8. 5
9. 6
10. 7

Tuesday
1. 4
2. 7
3. 4
4. 6
5. 8
6. 3
7. 10
8. 5
9. 7
10. 8

Wednesday
1. 4
2. 7
3. 5
4. 6
5. 8
6. 5
7. 10
8. 5
9. 8
10. 9

Thursday
1. 6
2. 4
3. 9
4. 6
5. 8
6. 3
7. 10
8. 5
9. 9
10. 10

Friday
1. 7
2. 9
3. 8
4. 8
5. 7
6. 9
7. 10
8. 5
9. 10
10. 11

Ninja Challenge
12

Week 12: Shinobi

Monday
1. 4
2. 13
3. 12
4. 12
5. 3
6. 73
7. 40
8. 12
9. 6
10. 3

Tuesday
1. 8
2. 7
3. 6
4. 9
5. 80
6. 84
7. 33
8. 12
9. 6
10. 2

Wednesday
1. 9
2. 9
3. 9
4. 9
5. 90
6. 95
7. 35
8. 10
9. 12
10. 12

Thursday
1. 11
2. 17
3. 12
4. 5
5. 3
6. 53
7. 20
8. 22
9. 11
10. 2

Friday
1. 6
2. 13
3. 12
4. 12
5. 7
6. 57
7. 30
8. 8
9. 9
10. 2

Ninja Challenge
Double 6 is 12 and double 7 is 14, difference of 2.

Week 12: Grand Master

Monday
1. 80
2. 89
3. 91
4. 55
5. 10
6. 47
7. 32
8. 80
9. 10
10. 40

Tuesday
1. 60
2. 93
3. 72
4. 25
5. 22
6. 27
7. 34
8. 100
9. 5
10. 50

Wednesday
1. 70
2. 91
3. 93
4. 15
5. 6
6. 78
7. 30
8. 100
9. 20
10. 100

Thursday
1. 90
2. 99
3. 92
4. 60
5. 20
6. 66
7. 50
8. 70
9. 30
10. 200

Friday
1. 80
2. 61
3. 92
4. 60
5. 20
6. 66
7. 50
8. 70
9. 30
10. 200

Ninja Challenge
Tom is correct; half of 80 is 40, 6 x 5 is 30.

Arithmetic Ninja 6-7 © Andrew Jennings, 2022

ANSWERS

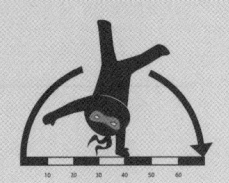

Week 13: Grasshopper
Monday
1. 16
2. 17
3. 18
4. 7
5. 8
6. 5
7. 20
8. 10
9. 2
10. 4

Tuesday
1. 18
2. 12
3. 14
4. 4
5. 5
6. 9
7. 30
8. 15
9. 4
10. 6

Wednesday
1. 12
2. 17
3. 15
4. 8
5. 1
6. 10
7. 40
8. 20
9. 6
10. 8

Thursday
1. 18
2. 10
3. 14
4. 8
5. 6
6. 4
7. 50
8. 25
9. 8
10. 10

Friday
1. 13
2. 16
3. 19
4. 7
5. 4
6. 1
7. 60
8. 30
9. 10
10. 12

Ninja Challenge
Iko

Week 13: Shinobi
Monday
1. 34
2. 38
3. 39
4. 6
5. 46
6. 26
7. 36
8. 12
9. 6
10. 7

Tuesday
1. 28
2. 22
3. 21
4. 21
5. 60
6. 40
7. 20
8. 24
9. 10
10. 5

Wednesday
1. 43
2. 46
3. 43
4. 5
5. 98
6. 70
7. 50
8. 22
9. 11
10. 20

Thursday
1. 29
2. 24
3. 6
4. 7
5. 76
6. 26
7. 46
8. 2
9. 1
10. 1

Friday
1. 34
2. 37
3. 38
4. 5
5. 6
6. 26
7. 46
8. 10
9. 20
10. 5

Ninja Challenge
No, Tom is incorrect; 34 + 5 is 39.

Week 13: Grand Master
Monday
1. 8
2. 93
3. 74
4. 8
5. 10
6. 37
7. 6
8. 6
9. 5
10. 9

Tuesday
1. 17
2. 87
3. 94
4. 7
5. 8
6. 17
7. 30
8. 12
9. 6
10. 7

Wednesday
1. 27
2. 75
3. 96
4. 4
5. 7
6. 42
7. 8
8. 12
9. 10
10. 20

Thursday
1. 42
2. 68
3. 93
4. 3
5. 11
6. 48
7. 14
8. 15
9. 2
10. 3

Friday
1. 46
2. 79
3. 100
4. 12
5. 7
6. 31
7. 30
8. 18
9. 10
10. 10

Ninja Challenge
38

Week 14: Grasshopper
Monday
1. 30
2. 40
3. 50
4. 50
5. 40
6. 30
7. 12
8. 30
9. 20
10. 10

Tuesday
1. 40
2. 60
3. 50
4. 40
5. 20
6. 30
7. 4
8. 10
9. 4
10. 12

Wednesday
1. 40
2. 60
3. 50
4. 10
5. 30
6. 20
7. 6
8. 20
9. 6
10. 8

Thursday
1. 50
2. 50
3. 30
4. 10
5. 10
6. 20
7. 10
8. 10
9. 12
10. 20

Friday
1. 60
2. 30
3. 50
4. 30
5. 20
6. 10
7. 10
8. 20
9. 2
10. 0

Ninja Challenge
20

Week 14: Shinobi
Monday
1. 32
2. 38
3. 37
4. 36
5. 79
6. 50
7. 40
8. 14
9. 7
10. 6

Tuesday
1. 48
2. 42
3. 43
4. 42
5. 61
6. 40
7. 30
8. 24
9. 12
10. 24

Wednesday
1. 23
2. 27
3. 28
4. 29
5. 9
6. 29
7. 30
8. 6
9. 12
10. 3

Thursday
1. 39
2. 33
3. 39
4. 33
5. 50
6. 30
7. 20
8. 9
9. 8
10. 14

Friday
1. 22
2. 28
3. 27
4. 4
5. 83
6. 60
7. 50
8. 16
9. 2
10. 9

Ninja Challenge
Yes, Iko is correct; both equal 18.

Week 14: Grand Master
Monday
1. 20
2. 79
3. 100
4. 12
5. 7
6. 31
7. 15
8. 21
9. 20
10. 30

Tuesday
1. 80
2. 74
3. 97
4. 7
5. 8
6. 17
7. 20
8. 24
9. 10
10. 15

Wednesday
1. 30
2. 98
3. 100
4. 3
5. 9
6. 39
7. 30
8. 27
9. 30
10. 40

Thursday
1. 40
2. 82
3. 74
4. 11
5. 12
6. 49
7. 60
8. 33
9. 50
10. 100

Friday
1. 80
2. 74
3. 94
4. 12
5. 1
6. 11
7. 35
8. 36
9. 100
10. 200

Ninja Challenge
33

Week 15: Grasshopper
Monday
1. 70
2. 80
3. 60
4. 40
5. 60
6. 30
7. 50
8. 40
9. 10
10. 8

Tuesday
1. 80
2. 80
3. 50
4. 60
5. 40
6. 10
7. 20
8. 60
9. 12
10. 14

Wednesday
1. 70
2. 70
3. 70
4. 60
5. 60
6. 40
7. 30
8. 70
9. 14
10. 16

Thursday
1. 60
2. 90
3. 100
4. 30
5. 50
6. 30
7. 60
8. 90
9. 22
10. 24

Friday
1. 60
2. 90
3. 100
4. 30
5. 50
6. 30
7. 80
8. 90
9. 22
10. 24

Ninja Challenge
60

Week 15: Shinobi
Monday
1. 45
2. 52
3. 53
4. 54
5. 3
6. 2
7. 3
8. 12
9. 24
10. 12

Tuesday
1. 32
2. 28
3. 27
4. 6
5. 6
6. 3
7. 3
8. 20
9. 10
10. 20

Wednesday
1. 38
2. 44
3. 38
4. 46
5. 7
6. 2
7. 9
8. 3
9. 12
10. 3

Thursday
1. 44
2. 38
3. 37
4. 36
5. 12
6. 7
7. 3
8. 22
9. 22
10. 10

Friday
1. 67
2. 73
3. 74
4. 67
5. 4
6. 3
7. =
8. 8
9. 8
10. 4

Ninja Challenge
No, Sam is incorrect; half of 22 is 11.

Week 15: Grand Master
Monday
1. 35
2. 87
3. 89
4. 8
5. 12
6. 11
7. 15
8. 18
9. 110
10. 90

Tuesday
1. 65
2. 79
3. 94
4. 9
5. 8
6. 4
7. 25
8. 24
9. 120
10. 80

Wednesday
1. 35
2. 93
3. 91
4. 3
5. 6
6. 26
7. 27
8. 15
9. 130
10. 70

Thursday
1. 35
2. 99
3. 77
4. 8
5. 7
6. 39
7. 46
8. 24
9. 140
10. 60

Friday
1. 35
2. 93
3. 99
4. 11
5. 11
6. 1
7. 37
8. 33
9. 150
10. 50

Ninja Challenge
20

ANSWERS

Week 16: Grasshopper

Monday
1. 10
2. 100
3. 20
4. 18
5. 8
6. 80
7. 25
8. 15
9. 10
10. 2

Tuesday
1. 10
2. 100
3. 20
4. 16
5. 6
6. 60
7. 30
8. 20
9. 8
10. 5

Wednesday
1. 10
2. 100
3. 20
4. 14
5. 4
6. 40
7. 35
8. 10
9. 6
10. 6

Thursday
1. 10
2. 100
3. 20
4. 12
5. 2
6. 20
7. 45
8. 5
9. 4
10. 2

Friday
1. 10
2. 100
3. 20
4. 10
5. 0
6. 0
7. 50
8. 0
9. 20
10. 1

Ninja Challenge
6 seconds

Week 16: Shinobi

Monday
1. 48
2. 52
3. 53
4. 54
5. 3
6. 9
7. 12
8. 8
9. 5
10. 6

Tuesday
1. 34
2. 27
3. 28
4. 34
5. 6
6. 9
7. =
8. 8
9. 4
10. 5

Wednesday
1. 56
2. 62
3. 7
4. 64
5. 5
6. 2
7. 7
8. 12
9. 11
10. 22

Thursday
1. 62
2. 54
3. 55
4. 6
5. 7
6. 2
7. 6
8. 18
9. 18
10. 8

Friday
1. 78
2. 84
3. 78
4. 8
5. 3
6. 8
7. 6
8. 4
9. 2
10. 6

Ninja Challenge
8

Week 16: Grand Master

Monday
1. 13
2. 22
3. 23
4. 12
5. 55
6. 26
7. 20
8. 6
9. 9
10. 8

Tuesday
1. 16
2. 24
3. 21
4. 14
5. 44
6. 27
7. 40
8. 7
9. 8
10. 7

Wednesday
1. 18
2. 17
3. 18
4. 14
5. 35
6. 14
7. 60
8. 6
9. 9
10. 8

Thursday
1. 13
2. 15
3. 14
4. 12
5. 64
6. 7
7. 80
8. 9
9. 11
10. 12

Friday
1. 15
2. 17
3. 19
4. 13
5. 48
6. 31
7. 100
8. 11
9. 12
10. 11

Ninja Challenge
40

Week 17: Grasshopper

Monday
1. 10
2. 100
3. 20
4. 8
5. 10
6. 6
7. 20
8. 30
9. 4
10. 6

Tuesday
1. 10
2. 100
3. 20
4. 6
5. 7
6. 3
7. 70
8. 40
9. 6
10. 5

Wednesday
1. 10
2. 100
3. 20
4. 4
5. 8
6. 2
7. 90
8. 10
9. 8
10. 10

Thursday
1. 10
2. 100
3. 20
4. 2
5. 9
6. 1
7. 110
8. 30
9. 9
10. 7

Friday
1. 10
2. 100
3. 20
4. 0
5. 10
6. 9
7. 50
8. 80
9. 4
10. 11

Ninja Challenge
12

Week 17: Shinobi

Monday
1. 3
2. 52
3. 48
4. 48
5. 4
6. 3
7. 9
8. 6
9. 12
10. 12

Tuesday
1. 82
2. 75
3. 82
4. 83
5. 13
6. 5
7. 6
8. 10
9. 10
10. 5

Wednesday
1. 39
2. 39
3. 44
4. 45
5. 11
6. 3
7. 12
8. 4
9. 4
10. 8

Thursday
1. 32
2. 33
3. 34
4. 35
5. 13
6. 2
7. 8
8. 6
9. 6
10. 12

Friday
1. 89
2. 88
3. 87
4. 93
5. 5
6. 2
7. 8
8. 10
9. 5
10. 20

Ninja Challenge
No, Cho is incorrect; 5 + 9 = 14, 12 − 4 = 8.

Week 17: Grand Master

Monday
1. 40
2. 10
3. 50
4. 15
5. 48
6. 31
7. 8
8. 12
9. 35
10. 22

Tuesday
1. 30
2. 14
3. 40
4. 12
5. 39
6. 24
7. 12
8. 15
9. 30
10. 14

Wednesday
1. 40
2. 12
3. 30
4. 19
5. 44
6. 9
7. 10
8. 30
9. 15
10. 16

Thursday
1. 30
2. 21
3. 40
4. 23
5. 64
6. 41
7. 20
8. 9
9. 25
10. 24

Friday
1. 10
2. 32
3. 50
4. 29
5. 48
6. 33
7. 22
8. 12
9. 40
10. 4

Ninja Challenge
8

Week 18: Grasshopper

Monday
1. 14
2. 18
3. 16
4. 12
5. 15
6. 6
7. 30
8. 90
9. 35
10. 3

Tuesday
1. 17
2. 13
3. 17
4. 13
5. 13
6. 4
7. 10
8. 20
9. 1
10. 7

Wednesday
1. 14
2. 19
3. 15
4. 11
5. 12
6. 6
7. 15
8. 30
9. 6
10. 4

Thursday
1. 13
2. 20
3. 19
4. 15
5. 17
6. 8
7. 3
8. 40
9. 10
10. 12

Friday
1. 16
2. 10
3. 14
4. 10
5. 16
6. 10
7. 25
8. 50
9. 13
10. 16

Ninja Challenge
70

Week 18: Shinobi

Monday
1. 87
2. 87
3. 87
4. 8
5. 3
6. 3
7. 8
8. 11
9. 11
10. 22

Tuesday
1. 42
2. 6
3. 7
4. 43
5. 6
6. 8
7. 9
8. 10
9. 5
10. 5

Wednesday
1. 59
2. 66
3. 8
4. 66
5. 4
6. 1
7. 15
8. 12
9. 6
10. 6

Thursday
1. 92
2. 92
3. 86
4. 6
5. 7
6. 2
7. 3
8. 14
9. 14
10. 7

Friday
1. 28
2. 37
3. 27
4. 27
5. 1
6. 13
7. 3
8. 12
9. 13
10. 24

Ninja Challenge
False; Sam only has 19 counters.

Week 18: Grand Master

Monday
1. 20
2. 6
3. 19
4. 22
5. 29
6. 9
7. 20
8. 6
9. 4
10. 5

Tuesday
1. 30
2. 5
3. 15
4. 17
5. 33
6. 35
7. 22
8. 7
9. 6
10. 3

Wednesday
1. 20
2. 3
3. 19
4. 32
5. 44
6. 15
7. 40
8. 7
9. 9
10. 4

Thursday
1. 30
2. 6
3. 21
4. 12
5. 55
6. 13
7. 10
8. 8
9. 7
10. 6

Friday
1. 35
2. 9
3. 17
4. 23
5. 42
6. 19
7. 8
8. 7
9. 5
10. 7

Ninja Challenge
23

Arithmetic Ninja 6–7 © Andrew Jennings, 2022

ANSWERS

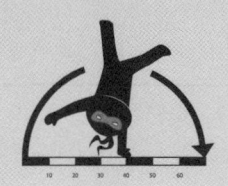

Week 19: Grasshopper	Week 19: Shinobi	Week 19: Grand Master	Week 20: Grasshopper	Week 20: Shinobi	Week 20: Grand Master	Week 21: Grasshopper	Week 21: Shinobi	Week 21: Grand Master
Monday	**Monday**	**Monday**	**Monday**	**Monday**	**Monday**	**Monday**	**Monday**	**Monday**
1. 14	1. 53	1. 35	1. 14	1. 75	1. 80	1. 19	1. 48	1. 60
2. 19	2. 20	2. 18	2. 15	2. 85	2. 20	2. 13	2. 38	2. 15
3. 18	3. 30	3. 40	3. 13	3. 60	3. 13	3. 3	3. 50	3. 19
4. 10	4. 5	4. 23	4. 7	4. 9	4. 56	4. 4	4. 9	4. 76
5. 20	5. 70	5. 42	5. 17	5. 90	5. 23	5. 10	5. 90	5. 61
6. 12	6. 6	6. 29	6. 40	6. 9	6. 29	6. 20	6. 3	6. 87
7. 30	7. 90	7. 40	7. 25	7. 70	7. 50	7. 10	7. 50	7. 10
8. 60	8. 3	8. 6	8. 2	8. 12	8. 3	8. 4	8. 30	8. 6
9. 4	9. 6	9. 5	9. 10	9. 3	9. 1	9. 14	9. 10	9. 1
10. 2	10. 9	10. 8	10. 11	10. 6	10. 2	10. 10	10. 11	10. 5
Tuesday	**Tuesday**	**Tuesday**	**Tuesday**	**Tuesday**	**Tuesday**	**Tuesday**	**Tuesday**	**Tuesday**
1. 15	1. 72	1. 25	1. 12	1. 77	1. 75	1. 17	1. 45	1. 40
2. 16	2. 20	2. 14	2. 14	2. 87	2. 19	2. 15	2. 35	2. 17
3. 16	3. 30	3. 50	3. 14	3. 70	3. 21	3. 5	3. 70	3. 21
4. 8	4. 8	4. 14	4. 6	4. 6	4. 59	4. 5	4. 8	4. 75
5. 20	5. 80	5. 55	5. 16	5. 60	5. 56	5. 12	5. 80	5. 52
6. 14	6. 6	6. 24	6. 60	6. 6	6. 67	6. 30	6. 7	6. 80
7. 35	7. 60	7. 60	7. 10	7. 80	7. 35	7. 15	7. 20	7. 55
8. 70	8. 6	8. 9	8. 6	8. 3	8. 7	8. 6	8. 33	8. 9
9. 6	9. 3	9. 4	9. 18	9. 3	9. 2	9. 12	9. 11	9. 3
10. 5	10. 9	10. 9	10. 14	10. 18	10. 1	10. 9	10. 12	10. 3
Wednesday	**Wednesday**	**Wednesday**	**Wednesday**	**Wednesday**	**Wednesday**	**Wednesday**	**Wednesday**	**Wednesday**
1. 16	1. 58	1. 60	1. 16	1. 76	1. 90	1. 18	1. 66	1. 50
2. 17	2. 68	2. 16	2. 11	2. 86	2. 13	2. 20	2. 56	2. 18
3. 15	3. 50	3. 60	3. 15	3. 40	3. 22	3. 2	3. 40	3. 13
4. 7	4. 9	4. 17	4. 5	4. 2	4. 61	4. 6	4. 6	4. 72
5. 20	5. 90	5. 62	5. 15	5. 50	5. 61	5. 14	5. 60	5. 89
6. 16	6. 5	6. 26	6. 70	6. 4	6. 76	6. 40	6. 2	6. 78
7. 40	7. 30	7. 10	7. 30	7. 30	7. 14	7. 20	7. 60	7. 4
8. 80	8. 9	8. 3	8. 8	8. 15	8. 4	8. 8	8. 18	8. 5
9. 7	9. 12	9. 5	9. 19	9. 3	9. 3	9. 11	9. 21	9. 20
10. 6	10. 15	10. 10	10. 9	10. 3	10. 3	10. 17	10. 7	10. 4
Thursday	**Thursday**	**Thursday**	**Thursday**	**Thursday**	**Thursday**	**Thursday**	**Thursday**	**Thursday**
1. 17	1. 74	1. 20	1. 13	1. 75	1. 75	1. 16	1. 13	1. 55
2. 15	2. 84	2. 16	2. 17	2. 85	2. 20	2. 17	2. 23	2. 16
3. 14	3. 40	3. 40	3. 16	3. 50	3. 19	3. 1	3. 30	3. 19
4. 6	4. 8	4. 18	4. 4	4. 5	4. 78	4. 10	4. 5	4. 65
5. 20	5. 80	5. 73	5. 14	5. 50	5. 58	5. 16	5. 50	5. 72
6. 18	6. 9	6. 33	6. 50	6. 2	6. 69	6. 60	6. 9	6. 43
7. 45	7. 50	7. 20	7. 5	7. 90	7. 21	7. 30	7. 30	7. 6
8. 90	8. 18	8. 1	8. 18	8. 18	8. 9	8. 12	8. 27	8. 4
9. 8	9. 21	9. 5	9. 14	9. 3	9. 2	9. 12	9. 9	9. 30
10. 7	10. 24	10. 1	10. 17	10. 3	10. 5	10. 18	10. 10	10. 8
Friday	**Friday**	**Friday**	**Friday**	**Friday**	**Friday**	**Friday**	**Friday**	**Friday**
1. 13	1. 63	1. 30	1. 18	1. 79	1. 70	1. 13	1. 22	1. 55
2. 20	2. 73	2. 20	2. 12	2. 89	2. 18	2. 19	2. 12	2. 14
3. 13	3. 60	3. 30	3. 17	3. 70	3. 12	3. 7	3. 90	3. 11
4. 5	4. 9	4. 17	4. 3	4. 8	4. 58	4. 11	4. 7	4. 89
5. 20	5. 90	5. 33	5. 13	5. 60	5. 78	5. 18	5. 70	5. 85
6. 20	6. 4	6. 19	6. 70	6. 2	6. 78	6. 80	6. 5	6. 75
7. 50	7. 30	7. 50	7. 35	7. 20	7. 35	7. 40	7. 20	7. 8
8. 100	8. 3	8. 11	8. 14	8. 24	8. 8	8. 16	8. 33	8. 3
9. 9	9. 3	9. 60	9. 15	9. 27	9. 3	9. 9	9. 11	9. 20
10. 8	10. 15	10. 11	10. 11	10. 3	10. 4	10. 11	10. 33	10. 10
Ninja Challenge	**Ninja Challenge**	**Ninja Challenge**	**Ninja Challenge**	**Ninja Challenge**	**Ninja Challenge**	**Ninja Challenge**	**Ninja Challenge**	**Ninja Challenge**
30	True	24	25	3 groups of 7 is equal to 21.	48	20	90 – 70 is just ten times bigger, so must equal 20.	No, Sam is incorrect; both equal 12.

ANSWERS

Week 22: Grasshopper	Week 22: Shinobi	Week 22: Grand Master	Week 23: Grasshopper	Week 23: Shinobi	Week 23: Grand Master	Week 24: Grasshopper	Week 24: Shinobi	Week 24: Grand Master
Monday	**Monday**	**Monday**	**Monday**	**Monday**	**Monday**	**Monday**	**Monday**	**Monday**
1. 13	1. 47	1. 60	1. 19	1. 65	1. 30	1. 17	1. 44	1. 30
2. 19	2. 37	2. 18	2. 13	2. 75	2. 20	2. 13	2. 34	2. 15
3. 7	3. 40	3. 24	3. 6	3. 75	3. 15	3. 11	3. 34	3. 18
4. 11	4. 4	4. 65	4. 4	4. 5	4. 69	4. 15	4. 1	4. 10
5. 18	5. 90	5. 85	5. 3	5. 90	5. 16	5. 16	5. 70	5. 31
6. 80	6. 3	6. 75	6. 10	6. 4	6. 24	6. 7	6. 5	6. 24
7. 40	7. 80	7. 3	7. 10	7. 40	7. 4	7. 10	7. 90	7. 4
8. 16	8. 12	8. 4	8. 4	8. 5	8. 5	8. 20	8. 8	8. 12
9. 9	9. 12	9. 4	9. 19	9. 15	9. 2	9. 18	9. 24	9. 6
10. 11	10. 15	10. 3	10. 11	10. 5	10. 3	10. 16	10. 8	10. 7
Tuesday	**Tuesday**	**Tuesday**	**Tuesday**	**Tuesday**	**Tuesday**	**Tuesday**	**Tuesday**	**Tuesday**
1. 15	1. 45	1. 45	1. 14	1. 76	1. 40	1. 15	1. 46	1. 40
2. 13	2. 35	2. 17	2. 16	2. 86	2. 25	2. 11	2. 36	2. 25
3. 1	3. 60	3. 18	3. 3	3. 86	3. 18	3. 16	3. 36	3. 15
4. 2	4. 6	4. 57	4. 9	4. 3	4. 50	4. 17	4. 3	4. 8
5. 10	5. 60	5. 55	5. 6	5. 50	5. 25	5. 18	5. 60	5. 46
6. 30	6. 9	6. 67	6. 100	6. 2	6. 19	6. 8	6. 5	6. 69
7. 30	7. 40	7. 4	7. 15	7. 70	7. 2	7. 20	7. 70	7. 6
8. 14	8. 7	8. 5	8. 6	8. 6	8. 1	8. 16	8. 9	8. 4
9. 17	9. 3	9. 5	9. 13	9. 18	9. 1	9. 15	9. 27	9. 8
10. 13	10. 21	10. 1	10. 16	10. 6	10. 0	10. 13	10. 9	10. 9
Wednesday	**Wednesday**	**Wednesday**	**Wednesday**	**Wednesday**	**Wednesday**	**Wednesday**	**Wednesday**	**Wednesday**
1. 12	1. 56	1. 30	1. 12	1. 77	1. 50	1. 20	1. 23	1. 20
2. 15	2. 46	2. 15	2. 20	2. 87	2. 15	2. 16	2. 13	2. 30
3. 5	3. 40	3. 15	3. 8	3. 87	3. 12	3. 19	3. 13	3. 18
4. 4	4. 2	4. 49	4. 2	4. 4	4. 99	4. 1	4. 3	4. 12
5. 12	5. 30	5. 61	5. 10	5. 90	5. 33	5. 10	5. 10	5. 98
6. 40	6. 2	6. 51	6. 30	6. 5	6. 44	6. 2	6. 6	6. 56
7. 15	7. 20	7. 1	7. 20	7. 40	7. 5	7. 30	7. 90	7. 10
8. 8	8. 24	8. 1	8. 8	8. 4	8. 6	8. 12	8. 10	8. 20
9. 15	9. 24	9. 6	9. 13	9. 12	9. 2	9. 16	9. 30	9. 9
10. 8	10. 27	10. 4	10. 11	10. 4	10. 3	10. 14	10. 10	10. 10
Thursday	**Thursday**	**Thursday**	**Thursday**	**Thursday**	**Thursday**	**Thursday**	**Thursday**	**Thursday**
1. 13	1. 56	1. 35	1. 15	1. 77	1. 30	1. 14	1. 25	1. 40
2. 16	2. 46	2. 15	2. 18	2. 87	2. 20	2. 10	2. 15	2. 20
3. 3	3. 40	3. 15	3. 10	3. 87	3. 18	3. 12	3. 15	3. 18
4. 5	4. 4	4. 53	4. 7	4. 2	4. 81	4. 2	4. 1	4. 14
5. 6	5. 40	5. 40	5. 0	5. 90	5. 46	5. 11	5. 60	5. 88
6. 60	6. 3	6. 40	6. 50	6. 2	6. 76	6. 4	6. 3	6. 42
7. 10	7. 30	7. 11	7. 30	7. 40	7. 7	7. 40	7. 50	7. 7
8. 10	8. 15	8. 9	8. 12	8. 3	8. 8	8. 8	8. 11	8. 14
9. 12	9. 15	9. 4	9. 14	9. 3	9. 3	9. 12	9. 33	9. 10
10. 10	10. 18	10. 6	10. 16	10. 3	10. 4	10. 10	10. 11	10. 4
Friday	**Friday**	**Friday**	**Friday**	**Friday**	**Friday**	**Friday**	**Friday**	**Friday**
1. 20	1. 45	1. 30	1. 16	1. 88	1. 50	1. 15	1. 39	1. 40
2. 12	2. 35	2. 9	2. 20	2. 98	2. 10	2. 11	2. 29	2. 20
3. 9	3. 40	3. 12	3. 1	3. 98	3. 21	3. 14	3. 50	3. 12
4. 6	4. 6	4. 48	4. 5	4. 5	4. 68	4. 5	4. 7	4. 10
5. 14	5. 10	5. 51	5. 5	5. 80	5. 21	5. 0	5. 20	5. 77
6. 90	6. 3	6. 28	6. 60	6. 2	6. 34	6. 6	6. 3	6. 27
7. 15	7. 30	7. 5	7. 35	7. 50	7. 8	7. 50	7. 60	7. 4
8. 14	8. 21	8. 3	8. 16	8. 7	8. 9	8. 4	8. 12	8. 20
9. 18	9. 21	9. 2	9. 16	9. 21	9. 4	9. 14	9. 36	9. 5
10. 9	10. 24	10. 5	10. 11	10. 7	10. 6	10. 12	10. 12	10. 3
Ninja Challenge	**Ninja Challenge**	**Ninja Challenge**	**Ninja Challenge**	**Ninja Challenge**	**Ninja Challenge**	**Ninja Challenge**	**Ninja Challenge**	**Ninja Challenge**
18	True	Yes, Tom is correct; both equal 20.	12	False	7	30	No, Cho is incorrect; 40 + 10 = 50, 50 − 10 = 40.	36

Arithmetic Ninja 6-7 © Andrew Jennings, 2022

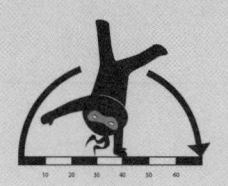

ANSWERS

Week 25: Grasshopper

Monday
1. 16
2. 10
3. 6
4. 9
5. 1
6. 6
7. 50
8. 4
9. 15
10. 12

Tuesday
1. 20
2. 8
3. 9
4. 8
5. 7
6. 3
7. 70
8. 3
9. 16
10. 13

Wednesday
1. 19
2. 11
3. 6
4. 6
5. 9
6. 4
7. 110
8. 7
9. 17
10. 10

Thursday
1. 14
2. 9
3. 5
4. 11
5. 3
6. 7
7. 120
8. 5
9. 11
10. 19

Friday
1. 18
2. 13
3. 12
4. 16
5. 12
6. 2
7. 30
8. 8
9. 12
10. 9

Ninja Challenge
17

Week 25: Shinobi

Monday
1. 86
2. 46
3. 30
4. 75
5. 30
6. 20
7. 15
8. 5
9. 5
10. 18

Tuesday
1. 85
2. 35
3. 20
4. 56
5. 20
6. 20
7. 18
8. 6
9. 6
10. 21

Wednesday
1. 81
2. 31
3. 50
4. 83
5. 30
6. 40
7. 21
8. 7
9. 7
10. 24

Thursday
1. 82
2. 12
3. 20
4. 89
5. 40
6. 40
7. 24
8. 8
9. 8
10. 27

Friday
1. 69
2. 39
3. 40
4. 77
5. 40
6. 10
7. 33
8. 11
9. 11
10. 36

Ninja Challenge
Yes, Sam is correct; 40 + 10 = 50, 60 − 10 = 50.

Week 25: Grand Master

Monday
1. 15
2. 10
3. 40
4. 12
5. 22
6. 33
7. 6
8. 4
9. 75
10. 90

Tuesday
1. 20
2. 6
3. 50
4. 15
5. 46
6. 53
7. 10
8. 6
9. 36
10. 88

Wednesday
1. 30
2. 12
3. 60
4. 18
5. 68
6. 77
7. 14
8. 1
9. 46
10. 85

Thursday
1. 20
2. 10
3. 40
4. 12
5. 99
6. 75
7. 16
8. 7
9. 21
10. 74

Friday
1. 10
2. 6
3. 30
4. 9
5. 82
6. 78
7. 20
8. 5
9. 5
10. 40

Ninja Challenge
8

Week 26: Grasshopper

Monday
1. 16
2. 12
3. 9
4. 18
5. 15
6. 11
7. 6
8. 16
9. 15
10. 7

Tuesday
1. 10
2. 10
3. 11
4. 19
5. 17
6. 11
7. 2
8. 8
9. 8
10. 11

Wednesday
1. 15
2. 12
3. 13
4. 19
5. 16
6. 3
7. 12
8. 10
9. 7
10. 2

Thursday
1. 16
2. 18
3. 9
4. 17
5. 15
6. 9
7. 10
8. 20
9. 11
10. 8

Friday
1. 11
2. 19
3. 16
4. 19
5. 18
6. 10
7. 10
8. 8
9. 20
10. 19

Ninja Challenge
12

Week 26: Shinobi

Monday
1. 48
2. 51
3. 6
4. 36
5. 20
6. 86
7. 18
8. 6
9. 6
10. 21

Tuesday
1. 47
2. 45
3. 6
4. 35
5. 20
6. 85
7. 21
8. 7
9. 21
10. 24

Wednesday
1. 39
2. 43
3. 6
4. 23
5. 30
6. 83
7. 24
8. 8
9. 8
10. 27

Thursday
1. 78
2. 82
3. 6
4. 49
5. 20
6. 99
7. 27
8. 9
9. 9
10. 30

Friday
1. 29
2. 33
3. 8
4. 73
5. 10
6. 53
7. 30
8. 10
9. 10
10. 33

Ninja Challenge
No, Tom is incorrect; 20 + 10 = 30, 30 − 10 = 20.

Week 26: Grand Master

Monday
1. 70
2. 55
3. 5
4. 9
5. 91
6. 69
7. 40
8. 10
9. 38
10. 18

Tuesday
1. 80
2. 75
3. 6
4. 7
5. 66
6. 55
7. 60
8. 20
9. 29
10. 39

Wednesday
1. 60
2. 35
3. 6
4. 4
5. 57
6. 19
7. 80
8. 30
9. 38
10. 19

Thursday
1. 30
2. 85
3. 6
4. 4
5. 86
6. 61
7. 100
8. 40
9. 39
10. 21

Friday
1. 10
2. 95
3. 4
4. 6
5. 97
6. 51
7. 24
8. 11
9. 25
10. 21

Ninja Challenge
Yes, Iko is correct; 10 less than 65 is 55, which is greater than 50.

Week 27: Grasshopper

Monday
1. 9
2. 7
3. 8
4. 11
5. 11
6. 8
7. 2
8. 6
9. 18
10. 16

Tuesday
1. 8
2. 1
3. 10
4. 11
5. 12
6. 9
7. 6
8. 8
9. 13
10. 17

Wednesday
1. 9
2. 2
3. 7
4. 12
5. 13
6. 10
7. 8
8. 12
9. 14
10. 12

Thursday
1. 7
2. 4
3. 7
4. 11
5. 14
6. 9
7. 10
8. 16
9. 20
10. 17

Friday
1. 11
2. 0
3. 7
4. 11
5. 14
6. 6
7. 12
8. 20
9. 19
10. 8

Ninja Challenge
16

Week 27: Shinobi

Monday
1. 45
2. 95
3. 35
4. 35
5. 7
6. 32
7. 27
8. 10
9. 11
10. 36

Tuesday
1. 26
2. 86
3. 46
4. 35
5. 7
6. 64
7. 9
8. 4
9. 5
10. 18

Wednesday
1. 19
2. 79
3. 79
4. 48
5. 7
6. 45
7. 15
8. 6
9. 9
10. 24

Thursday
1. 67
2. 57
3. 47
4. 67
5. 73
6. 64
7. 21
8. 8
9. 9
10. 30

Friday
1. 28
2. 78
3. 18
4. 67
5. 7
6. 61
7. 15
8. 6
9. 7
10. 24

Ninja Challenge
Yes, Iko is correct; 20 + 20 = 40, 50 − 10 = 40.

Week 27: Grand Master

Monday
1. 70
2. 55
3. 9
4. 8
5. 75
6. 33
7. 70
8. 35
9. 34
10. 36

Tuesday
1. 80
2. 35
3. 7
4. 9
5. 74
6. 13
7. 50
8. 15
9. 17
10. 28

Wednesday
1. 60
2. 5
3. 1
4. 9
5. 69
6. 28
7. 90
8. 75
9. 25
10. 18

Thursday
1. 50
2. 65
3. 7
4. 8
5. 88
6. 35
7. 40
8. 35
9. 76
10. 45

Friday
1. 90
2. 55
3. 7
4. 8
5. 91
6. 53
7. 70
8. 25
9. 64
10. 17

Ninja Challenge
No, Tom is incorrect; 90 − 25 = 65, while double 40 is 80.

ANSWERS

Week 28: Grasshopper	Week 28: Shinobi	Week 28: Grand Master	Week 29: Grasshopper	Week 29: Shinobi	Week 29: Grand Master	Week 30: Grasshopper	Week 30: Shinobi	Week 30: Grand Master
Monday	**Monday**	**Monday**	**Monday**	**Monday**	**Monday**	**Monday**	**Monday**	**Monday**
1. 16	1. 67	1. 9	1. 14	1. 67	1. 20	1. 1	1. 91	1. 10
2. 11	2. 68	2. 4	2. 1	2. 68	2. 14	2. 2	2. 93	2. 5
3. 9	3. 69	3. 18	3. 12	3. 35	3. 3	3. 11	3. 55	3. 7
4. 18	4. 11	4. 15	4. 17	4. 36	4. 4	4. 15	4. 15	4. 5
5. 19	5. 12	5. 10	5. 2	5. 19	5. 8	5. 6	5. 16	5. 173
6. 10	6. 6	6. 70	6. 4	6. 7	6. 3	6. 6	6. 17	6. 177
7. 20	7. 14	7. 211	7. 40	7. 21	7. 453	7. 8	7. 20	7. 434
8. 15	8. 5	8. 142	8. 25	8. 3	8. 251	8. 6	8. 4	8. 136
9. 6	9. 2	9. 234	9. 12	9. 3	9. 465	9. 25	9. 2	9. 163
10. 4	10. 10	10. 144	10. 10	10. 8	10. 145	10. 6	10. 2	10. 196
Tuesday	**Tuesday**	**Tuesday**	**Tuesday**	**Tuesday**	**Tuesday**	**Tuesday**	**Tuesday**	**Tuesday**
1. 13	1. 68	1. 11	1. 9	1. 67	1. 18	1. 2	1. 94	1. 14
2. 3	2. 69	2. 6	2. 14	2. 68	2. 22	2. 3	2. 93	2. 9
3. 2	3. 69	3. 10	3. 8	3. 68	3. 2	3. 8	3. 59	3. 8
4. 14	4. 55	4. 30	4. 18	4. 16	4. 8	4. 14	4. 10	4. 9
5. 12	5. 9	5. 4	5. 6	5. 17	5. 6	5. 2	5. 11	5. 233
6. 9	6. 4	6. 50	6. 8	6. 18	6. 7	6. 8	6. 12	6. 193
7. 30	7. 11	7. 143	7. 50	7. 8	7. 131	7. 10	7. 30	7. 453
8. 20	8. 10	8. 234	8. 15	8. 4	8. 123	8. 12	8. 6	8. 372
9. 4	9. 3	9. 157	9. 6	9. 10	9. 165	9. 30	9. 4	9. 244
10. 6	10. 15	10. 167	10. 10	10. 5	10. 176	10. 10	10. 4	10. 134
Wednesday	**Wednesday**	**Wednesday**	**Wednesday**	**Wednesday**	**Wednesday**	**Wednesday**	**Wednesday**	**Wednesday**
1. 9	1. 87	1. 12	1. 15	1. 77	1. 14	1. 3	1. 71	1. 12
2. 15	2. 88	2. 8	2. 7	2. 78	2. 24	2. 4	2. 72	2. 11
3. 8	3. 86	3. 14	3. 13	3. 78	3. 4	3. 9	3. 25	3. 9
4. 10	4. 44	4. 35	4. 20	4. 20	4. 12	4. 17	4. 17	4. 7
5. 14	5. 15	5. 18	5. 4	5. 21	5. 9	5. 6	5. 3	5. 135
6. 6	6. 8	6. 40	6. 6	6. 22	6. 8	6. 10	6. 19	6. 286
7. 40	7. 17	7. 324	7. 30	7. 10	7. 244	7. 14	7. 30	7. 472
8. 20	8. 15	8. 346	8. 20	8. 5	8. 127	8. 16	8. 6	8. 181
9. 8	9. 4	9. 167	9. 10	9. 12	9. 142	9. 35	9. 4	9. 584
10. 4	10. 20	10. 139	10. 12	10. 6	10. 175	10. 12	10. 4	10. 357
Thursday	**Thursday**	**Thursday**	**Thursday**	**Thursday**	**Thursday**	**Thursday**	**Thursday**	**Thursday**
1. 16	1. 88	1. 6	1. 12	1. 57	1. 18	1. 4	1. 55	1. 24
2. 17	2. 89	2. 7	2. 19	2. 58	2. 14	2. 5	2. 54	2. 6
3. 15	3. 46	3. 18	3. 9	3. 59	3. 5	3. 9	3. 35	3. 10
4. 14	4. 42	4. 45	4. 19	4. 12	4. 6	4. 13	4. 21	4. 9
5. 16	5. 15	5. 16	5. 2	5. 4	5. 8	5. 12	5. 4	5. 331
6. 12	6. 4	6. 100	6. 0	6. 5	6. 9	6. 14	6. 19	6. 570
7. 50	7. 17	7. 254	7. 50	7. 12	7. 431	7. 18	7. 25	7. 410
8. 25	8. 5	8. 365	8. 30	8. 12	8. 233	8. 22	8. 5	8. 251
9. 10	9. 30	9. 167	9. 14	9. 14	9. 147	9. 20	9. 7	9. 122
10. 6	10. 6	10. 217	10. 8	10. 7	10. 469	10. 8	10. 7	10. 324
Friday	**Friday**	**Friday**	**Friday**	**Friday**	**Friday**	**Friday**	**Friday**	**Friday**
1. 15	1. 69	1. 11	1. 9	1. 32	1. 10	1. 5	1. 72	1. 16
2. 0	2. 68	2. 4	2. 11	2. 31	2. 20	2. 6	2. 73	2. 4
3. 14	3. 43	3. 24	3. 15	3. 36	3. 6	3. 7	3. 25	3. 11
4. 19	4. 24	4. 55	4. 18	4. 20	4. 12	4. 12	4. 20	4. 6
5. 17	5. 19	5. 18	5. 8	5. 21	5. 4	5. 16	5. 8	5. 531
6. 8	6. 9	6. 40	6. 10	6. 8	6. 12	6. 18	6. 22	6. 163
7. 60	7. 21	7. 454	7. 60	7. 14	7. 540	7. 20	7. 40	7. 635
8. 30	8. 6	8. 252	8. 20	8. 14	8. 524	8. 24	8. 8	8. 423
9. 12	9. 5	9. 467	9. 10	9. 16	9. 247	9. 25	9. 9	9. 165
10. 8	10. 7	10. 144	10. 4	10. 8	10. 177	10. 12	10. 9	10. 269
Ninja Challenge	**Ninja Challenge**	**Ninja Challenge**	**Ninja Challenge**	**Ninja Challenge**	**Ninja Challenge**	**Ninja Challenge**	**Ninja Challenge**	**Ninja Challenge**
15	No, Cho is incorrect; 20 + 30 = 50, 70 – 30 = 40.	Yes, Tom is correct. 54 + 10 = 64, while 63 – 1 = 62.	40	7 plus 4 is 11, plus 6 equals 17, which is less than 18.	Cho and Iko	8	Yes, Tom is correct; 8 x 5 = 40, double 20 is 40.	Sam and Tom

Arithmetic Ninja 6-7 © Andrew Jennings, 2022

ANSWERS

Week 31: Grasshopper	Week 31: Shinobi	Week 31: Grand Master	Week 32: Grasshopper	Week 32: Shinobi	Week 32: Grand Master	Week 33: Grasshopper	Week 33: Shinobi	Week 33: Grand Master
Monday	**Monday**	**Monday**	**Monday**	**Monday**	**Monday**	**Monday**	**Monday**	**Monday**
1. 6	1. 91	1. 6	1. 2	1. 81	1. 24	1. 16	1. 37	1. 18
2. 7	2. 92	2. 8	2. 24	2. 26	2. 32	2. 8	2. 39	2. 12
3. 9	3. 47	3. 1	3. 7	3. 81	3. 6	3. 5	3. 58	3. 6
4. 16	4. 19	4. 40	4. 13	4. 81	4. 70	4. 16	4. 59	4. 70
5. 18	5. 18	5. 40	5. 4	5. 16	5. 20	5. 3	5. 5	5. 26
6. 12	6. 9	6. 10	6. 12	6. 4	6. 40	6. 18	6. 12	6. 15
7. 12	7. 50	7. 549	7. 14	7. 4	7. 3	7. 14	7. 10	7. 3
8. 6	8. 10	8. 151	8. 9	8. 2	8. 2	8. 3	8. 20	8. 2
9. 9	9. 11	9. 133	9. 17	9. 6	9. 444	9. 19	9. 20	9. 219
10. 14	10. 11	10. 177	10. 14	10. 3	10. 669	10. 16	10. 30	10. 104
Tuesday	**Tuesday**	**Tuesday**	**Tuesday**	**Tuesday**	**Tuesday**	**Tuesday**	**Tuesday**	**Tuesday**
1. 7	1. 37	1. 12	1. 4	1. 63	1. 27	1. 14	1. 26	1. 15
2. 8	2. 36	2. 16	2. 14	2. 28	2. 36	2. 3	2. 29	2. 28
3. 9	3. 17	3. 3	3. 8	3. 91	3. 7	3. 9	3. 43	3. 1
4. 17	4. 18	4. 30	4. 12	4. 91	4. 70	4. 14	4. 43	4. 90
5. 14	5. 18	5. 80	5. 6	5. 19	5. 40	5. 5	5. 27	5. 28
6. 10	6. 5	6. 20	6. 14	6. 6	6. 20	6. 14	6. 5	6. 25
7. 8	7. 60	7. 156	7. 16	7. 8	7. 4	7. 19	7. 20	7. 3
8. 14	8. 12	8. 114	8. 7	8. 4	8. 2	8. 17	8. 30	8. 2
9. 14	9. 12	9. 442	9. 17	9. 10	9. 132	9. 18	9. 30	9. 311
10. 14	10. 12	10. 199	10. 12	10. 5	10. 154	10. 16	10. 40	10. 101
Wednesday	**Wednesday**	**Wednesday**	**Wednesday**	**Wednesday**	**Wednesday**	**Wednesday**	**Wednesday**	**Wednesday**
1. 8	1. 81	1. 15	1. 5	1. 82	1. 30	1. 13	1. 39	1. 21
2. 9	2. 82	2. 20	2. 18	2. 84	2. 40	2. 7	2. 38	2. 12
3. 9	3. 65	3. 2	3. 6	3. 48	3. 8	3. 12	3. 34	3. 3
4. 16	4. 21	4. 70	4. 14	4. 48	4. 40	4. 19	4. 36	4. 80
5. 8	5. 9	5. 100	5. 7	5. 17	5. 60	5. 10	5. 2	5. 30
6. 16	6. 23	6. 25	6. 12	6. 2	6. 80	6. 18	6. 6	6. 35
7. 12	7. 22	7. 435	7. 10	7. 12	7. 3	7. 15	7. 30	7. 3
8. 22	8. 11	8. 343	8. 8	8. 6	8. 2	8. 14	8. 40	8. 2
9. 17	9. 10	9. 137	9. 19	9. 14	9. 194	9. 16	9. 40	9. 212
10. 17	10. 10	10. 172	10. 16	10. 7	10. 184	10. 19	10. 50	10. 209
Thursday	**Thursday**	**Thursday**	**Thursday**	**Thursday**	**Thursday**	**Thursday**	**Thursday**	**Thursday**
1. 9	1. 92	1. 18	1. 7	1. 73	1. 33	1. 12	1. 27	1. 15
2. 10	2. 94	2. 24	2. 6	2. 74	2. 44	2. 6	2. 27	2. 24
3. 7	3. 69	3. 4	3. 13	3. 19	3. 9	3. 2	3. 58	3. 5
4. 13	4. 35	4. 20	4. 15	4. 74	4. 60	4. 11	4. 59	4. 80
5. 10	5. 16	5. 120	5. 6	5. 24	5. 10	5. 9	5. 18	5. 32
6. 24	6. 8	6. 30	6. 14	6. 6	6. 100	6. 8	6. 27	6. 45
7. 16	7. 18	7. 146	7. 18	7. 16	7. 3	7. 17	7. 40	7. 3
8. 18	8. 9	8. 162	8. 6	8. 8	8. 2	8. 9	8. 50	8. 2
9. 11	9. 8	9. 422	9. 30	9. 18	9. 165	9. 17	9. 50	9. 191
10. 19	10. 8	10. 176	10. 16	10. 9	10. 151	10. 22	10. 60	10. 201
Friday	**Friday**	**Friday**	**Friday**	**Friday**	**Friday**	**Friday**	**Friday**	**Friday**
1. 11	1. 61	1. 21	1. 5	1. 77	1. 36	1. 9	1. 28	1. 27
2. 12	2. 62	2. 28	2. 20	2. 78	2. 48	2. 1	2. 26	2. 32
3. 11	3. 17	3. 5	3. 13	3. 29	3. 10	3. 13	3. 38	3. 8
4. 14	4. 55	4. 50	4. 20	4. 49	4. 80	4. 20	4. 38	4. 90
5. 14	5. 21	5. 160	5. 7	5. 21	5. 20	5. 11	5. 36	5. 34
6. 8	6. 5	6. 40	6. 16	6. 4	6. 50	6. 22	6. 39	6. 50
7. 16	7. 14	7. 168	7. 6	7. 20	7. 3	7. 20	7. 50	7. 3
8. 22	8. 7	8. 177	8. 5	8. 10	8. 2	8. 18	8. 60	8. 2
9. 16	9. 6	9. 434	9. 17	9. 22	9. 236	9. 19	9. 60	9. 222
10. 16	10. 6	10. 679	10. 14	10. 11	10. 109	10. 19	10. 70	10. 222
Ninja Challenge	**Ninja Challenge**	**Ninja Challenge**	**Ninja Challenge**	**Ninja Challenge**	**Ninja Challenge**	**Ninja Challenge**	**Ninja Challenge**	**Ninja Challenge**
3	No, Sam is incorrect; 6 x 5 = 30, double 10 is 20.	No, she is incorrect; both equal 4.	11	No, Iko is incorrect; 7 x 5 = 35, 5 more than 20 is 25.	Yes, Sam is correct; both equal 36.	8	92	No, Cho is incorrect; 40 + 30 + 20 = 90, which is less than 100.

ANSWERS

Week 34: Grasshopper

Monday
1. 4
2. 7
3. 9
4. 5
5. 8
6. 11
7. 18
8. 20
9. 14
10. 17

Tuesday
1. 3
2. 9
3. 13
4. 6
5. 10
6. 4
7. 14
8. 10
9. 18
10. 19

Wednesday
1. 5
2. 7
3. 9
4. 10
5. 6
6. 11
7. 16
8. 8
9. 14
10. 16

Thursday
1. 0
2. 8
3. 5
4. 1
5. 12
6. 7
7. 7
8. 9
9. 12
10. 11

Friday
1. 2
2. 7
3. 8
4. 13
5. 18
6. 5
7. 11
8. 19
9. 17
10. 14

Ninja Challenge
20

Week 34: Shinobi

Monday
1. 27
2. 29
3. 58
4. 59
5. 5
6. 27
7. 60
8. 70
9. 70
10. 80

Tuesday
1. 37
2. 39
3. 27
4. 39
5. 48
6. 7
7. 70
8. 80
9. 80
10. 90

Wednesday
1. 37
2. 39
3. 48
4. 48
5. 27
6. 3
7. 80
8. 90
9. 80
10. 90

Thursday
1. 29
2. 28
3. 39
4. 29
5. 4
6. 22
7. 90
8. 100
9. 100
10. 110

Friday
1. 25
2. 26
3. 69
4. 69
5. 35
6. 8
7. 100
8. 110
9. 110
10. 120

Ninja Challenge
67

Week 34: Grand Master

Monday
1. 45
2. 44
3. 8
4. 6
5. 30
6. 6
7. 312
8. 184
9. 30
10. 20

Tuesday
1. 37
2. 27
3. 6
4. 9
5. 50
6. 8
7. 352
8. 219
9. 20
10. 30

Wednesday
1. 47
2. 34
3. 10
4. 6
5. 60
6. 11
7. 183
8. 245
9. 20
10. 30

Thursday
1. 57
2. 37
3. 9
4. 1
5. 40
6. 3
7. 203
8. 219
9. 20
10. 30

Friday
1. 67
2. 29
3. 3
4. 3
5. 90
6. 5
7. 342
8. 279
9. 40
10. 40

Ninja Challenge
No, Tom is incorrect. Sam has 44; Iko and Cho have 42.

Week 35: Grasshopper

Monday
1. 6
2. 9
3. 6
4. 3
5. 6
6. 7
7. 14
8. 13
9. 19
10. 24

Tuesday
1. 8
2. 6
3. 9
4. 7
5. 10
6. 11
7. 13
8. 14
9. 15
10. 16

Wednesday
1. 4
2. 8
3. 5
4. 18
5. 18
6. 12
7. 11
8. 6
9. 12
10. 8

Thursday
1. 9
2. 0
3. 0
4. 9
5. 20
6. 1
7. 3
8. 19
9. 16
10. 9

Friday
1. 6
2. 9
3. 6
4. 13
5. 24
6. 6
7. 9
8. 11
9. 11
10. 14

Ninja Challenge
14

Week 35: Shinobi

Monday
1. 29
2. 48
3. 26
4. 6
5. 4
6. 15
7. 3
8. 40
9. 4
10. 4

Tuesday
1. 45
2. 38
3. 48
4. 4
5. 4
6. 35
7. 7
8. 70
9. 7
10. 7

Wednesday
1. 27
2. 37
3. 25
4. 6
5. 4
6. 30
7. 6
8. 120
9. 12
10. 12

Thursday
1. 37
2. 18
3. 38
4. 5
5. 4
6. 55
7. 11
8. 110
9. 11
10. 11

Friday
1. 37
2. 39
3. 39
4. 6
5. 2
6. 40
7. 8
8. 80
9. 10
10. 8

Ninja Challenge
100

Week 35: Grand Master

Monday
1. 39
2. 92
3. 12
4. 50
5. 30
6. 6
7. 223
8. 195
9. 209
10. 391

Tuesday
1. 19
2. 87
3. 16
4. 30
5. 76
6. 7
7. 325
8. 254
9. 256
10. 173

Wednesday
1. 37
2. 78
3. 20
4. 60
5. 45
6. 12
7. 408
8. 296
9. 313
10. 393

Thursday
1. 27
2. 94
3. 40
4. 90
5. 81
6. 3
7. 108
8. 173
9. 101
10. 281

Friday
1. 14
2. 67
3. 16
4. 0
5. 5
6. 6
7. 239
8. 170
9. 347
10. 361

Ninja Challenge
6

Week 36: Grasshopper

Monday
1. 6
2. 9
3. 6
4. 13
5. 6
6. 10
7. 14
8. 15
9. 6
10. 9

Tuesday
1. 7
2. 2
3. 3
4. 11
5. 10
6. 4
7. 4
8. 13
9. 6
10. 14

Wednesday
1. 1
2. 3
3. 1
4. 14
5. 14
6. 8
7. 13
8. 19
9. 7
10. 16

Thursday
1. 8
2. 5
3. 13
4. 18
5. 20
6. 12
7. 11
8. 16
9. 4
10. 9

Friday
1. 9
2. 4
3. 17
4. 19
5. 16
6. 18
7. 15
8. 7
9. 8
10. 14

Ninja Challenge
6

Week 36: Shinobi

Monday
1. 17
2. 29
3. 27
4. 6
5. 2
6. 25
7. 5
8. 50
9. 5
10. 5

Tuesday
1. 34
2. 28
3. 28
4. 7
5. 3
6. 10
7. 2
8. 20
9. 5
10. 2

Wednesday
1. 24
2. 26
3. 26
4. 0
5. 9
6. 45
7. 9
8. 90
9. 9
10. 9

Thursday
1. 44
2. 28
3. 29
4. 1
5. 0
6. 20
7. 1
8. 40
9. 4
10. 4

Friday
1. 14
2. 15
3. 15
4. 0
5. 6
6. 40
7. 8
8. 80
9. 8
10. 8

Ninja Challenge
Yes, Iko is correct; both equal 20.

Week 36: Grand Master

Monday
1. 72
2. 67
3. 16
4. 8
5. 64
6. 9
7. 5
8. 5
9. 20
10. 30

Tuesday
1. 68
2. 24
3. 24
4. 9
5. 37
6. 6
7. 4
8. 3
9. 40
10. 30

Wednesday
1. 78
2. 34
3. 14
4. 4
5. 87
6. 8
7. 3
8. 4
9. 40
10. 30

Thursday
1. 63
2. 28
3. 18
4. 11
5. 94
6. 12
7. 5
8. 1
9. 20
10. 40

Friday
1. 78
2. 21
3. 20
4. 5
5. 9
6. 20
7. 5
8. 5
9. 40
10. 10

Ninja Challenge
9

ANSWERS

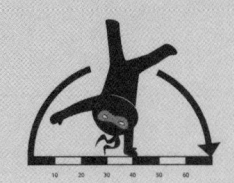

Week 37: Grasshopper

Monday
1. 5
2. 3
3. 13
4. 16
5. 8
6. 14
7. 13
8. 5
9. 6
10. 17

Tuesday
1. 3
2. 2
3. 5
4. 2
5. 4
6. 8
7. 17
8. 11
9. 8
10. 22

Wednesday
1. 9
2. 3
3. 1
4. 17
5. 10
6. 16
7. 14
8. 9
9. 8
10. 17

Thursday
1. 8
2. 9
3. 19
4. 14
5. 8
6. 20
7. 9
8. 12
9. 6
10. 14

Friday
1. 4
2. 1
3. 2
4. 13
5. 10
6. 22
7. 15
8. 5
9. 5
10. 11

Ninja Challenge
4

Week 37: Shinobi

Monday
1. 29
2. 44
3. 73
4. 30
5. 60
6. 4
7. 4
8. 40
9. 8
10. 8

Tuesday
1. 24
2. 26
3. 93
4. 50
5. 20
6. 3
7. 3
8. 30
9. 6
10. 6

Wednesday
1. 28
2. 28
3. 27
4. 20
5. 30
6. 5
7. 5
8. 50
9. 10
10. 10

Thursday
1. 23
2. 24
3. 62
4. 60
5. 90
6. 6
7. 6
8. 60
9. 12
10. 12

Friday
1. 25
2. 26
3. 77
4. 40
5. 50
6. 11
7. 11
8. 55
9. 11
10. 11

Ninja Challenge
No, Tom is incorrect; 3 x 5 = 15, 20 − 6 = 14

Week 37: Grand Master

Monday
1. 63
2. 27
3. 12
4. 8
5. 400
6. 4
7. 30
8. 5
9. 124
10. 274

Tuesday
1. 56
2. 26
3. 6
4. 16
5. 500
6. 9
7. 10
8. 10
9. 431
10. 482

Wednesday
1. 59
2. 33
3. 18
4. 80
5. 300
6. 11
7. 30
8. 5
9. 531
10. 273

Thursday
1. 59
2. 22
3. 33
4. 40
5. 300
6. 10
7. 20
8. 10
9. 674
10. 549

Friday
1. 67
2. 25
3. 15
4. 24
5. 200
6. 8
7. 20
8. 10
9. 542
10. 662

Ninja Challenge
20

Week 38: Grasshopper

Monday
1. 3
2. 1
3. 2
4. 3
5. 5
6. 10
7. 13
8. 7
9. 21
10. 14

Tuesday
1. 2
2. 3
3. 3
4. 2
5. 15
6. 20
7. 5
8. 15
9. 12
10. 17

Wednesday
1. 3
2. 2
3. 1
4. 3
5. 25
6. 10
7. 6
8. 11
9. 14
10. 16

Thursday
1. 3
2. 3
3. 3
4. 2
5. 30
6. 50
7. 9
8. 19
9. 16
10. 18

Friday
1. 2
2. 1
3. 2
4. 3
5. 35
6. 40
7. 11
8. 11
9. 18
10. 17

Ninja Challenge
14

Week 38: Shinobi

Monday
1. 38
2. 35
3. 38
4. 20
5. 70
6. 1
7. 1
8. 20
9. 4
10. 4

Tuesday
1. 19
2. 18
3. 18
4. 30
5. 40
6. 7
7. 7
8. 35
9. 7
10. 7

Wednesday
1. 29
2. 28
3. 27
4. 0
5. 10
6. 12
7. 12
8. 15
9. 3
10. 3

Thursday
1. 56
2. 57
3. 57
4. 50
5. 0
6. 8
7. 8
8. 40
9. 8
10. 8

Friday
1. 59
2. 58
3. 83
4. 40
5. 60
6. 9
7. 9
8. 45
9. 9
10. 9

Ninja Challenge
Yes, Cho is correct; 5 x 5 = 25, 2 x 10 = 20.

Week 38: Grand Master

Monday
1. 44
2. 11
3. 20
4. 8
5. 100
6. 16
7. 30
8. 22
9. 435
10. 431

Tuesday
1. 33
2. 22
3. 40
4. 16
5. 400
6. 18
7. 50
8. 27
9. 555
10. 115

Wednesday
1. 44
2. 33
3. 8
4. 32
5. 300
6. 22
7. 50
8. 37
9. 606
10. 319

Thursday
1. 77
2. 77
3. 12
4. 40
5. 300
6. 12
7. 10
8. 29
9. 642
10. 483

Friday
1. 60
2. 12
3. 24
4. 80
5. 300
6. 16
7. 50
8. 27
9. 371
10. 137

Ninja Challenge
48

Week 39: Grasshopper

Monday
1. 3
2. 2
3. 3
4. 3
5. 20
6. 40
7. 15
8. 5
9. 14
10. 18

Tuesday
1. 2
2. 3
3. 1
4. 2
5. 60
6. 30
7. 13
8. 11
9. 8
10. 18

Wednesday
1. 2
2. 3
3. 1
4. 2
5. 70
6. 40
7. 3
8. 14
9. 18
10. 14

Thursday
1. 2
2. 3
3. 1
4. 2
5. 80
6. 90
7. 5
8. 6
9. 22
10. 17

Friday
1. 2
2. 3
3. 1
4. 2
5. 110
6. 20
7. 6
8. 19
9. 18
10. 15

Ninja Challenge
50

Week 39: Shinobi

Monday
1. 38
2. 46
3. 85
4. 30
5. 40
6. 2
7. 3
8. 4
9. 8
10. 4

Tuesday
1. 26
2. 74
3. 44
4. 20
5. 20
6. 6
7. 6
8. 7
9. 7
10. 6

Wednesday
1. 39
2. 38
3. 62
4. 20
5. 30
6. 8
7. 8
8. 9
9. 12
10. 6

Thursday
1. 25
2. 62
3. 62
4. 30
5. 70
6. 9
7. 9
8. 10
9. 10
10. 5

Friday
1. 47
2. 46
3. 96
4. 30
5. 20
6. 12
7. 12
8. 11
9. 11
10. 3

Ninja Challenge
Yes, Sam is correct; both equal 80.

Week 39: Grand Master

Monday
1. 70
2. 14
3. 8
4. 10
5. 300
6. 300
7. 70
8. 32
9. 40
10. 30

Tuesday
1. 50
2. 32
3. 3
4. 2
5. 400
6. 400
7. 10
8. 21
9. 50
10. 20

Wednesday
1. 40
2. 17
3. 5
4. 5
5. 600
6. 200
7. 20
8. 34
9. 40
10. 40

Thursday
1. 50
2. 29
3. 7
4. 11
5. 500
6. 500
7. 50
8. 40
9. 20
10. 10

Friday
1. 60
2. 16
3. 10
4. 5
5. 200
6. 300
7. 70
8. 50
9. 10
10. 40

Ninja Challenge
36